Salzburg

Der praktische Reiseführer

für Ihren Städtetrip

Impressum
Copyright © 2015 by arp / Ausgabe Januar 2023
Herausgeber by arp
Ledererstraße 12, 83224,Grassau, Deutschland
Alle Rechte vorbehalten

Covergestaltung by arp
Fotos: Angeline Bauer
Foto Cover: Feste Salzburg mit Rathausturm (vorne)
Foto Innenseite: Residenzbrunnen mit Residenz im Hintergrund

Besuchen Sie uns im Internet: http://www.by-arp.de

Sämtliche Angaben erfolgen unverbindlich und ohne Gewähr. Wir beziehen uns mit unseren Aussagen neben persönlichen Erfahrungen auf Recherchen im Internet, Webseiten der Stadt, sowie auf Hinweise der Touristik-Information.

Dieser Reiseführer ist ein praktischer Begleiter für Ihren Städte-Kurztrip. Was die Auswahl der Sehenswürdigkeiten betrifft, beschränkt er sich auf das Wesentliche und ist für Leute konzipiert, die nur einen Tag oder ein Wochenende in Salzburg verbringen können.

Unser Altstadt-Rundgang bringt Sie in logischer Reihenfolge zu den angesagten Sehenswürdigkeiten. Viele Tipps und die wichtigsten Adressen, Links und Telefonnummern ersparen Ihnen in der Vorbereitungsphase für Ihren Städtetrip mühevolles Recherchieren. Besondere Museen und Festivals finden ebenso Erwähnung wie z.B. Parkmöglichkeiten, regionale Spezialitäten, Hinweise für Rollstuhlfahrer, Radfahrer Camper oder Hundebesitzer.

Tipp: Lesen Sie die informativen Artikel am Ende dieses Reiseführers bereits *vor* Abreise, damit Sie sich auf die örtlichen Gegebenheiten einstellen können und vor unangenehmen Überraschungen sicher sind.

Da sich Preise und Öffnungszeiten von touristischen Einrichtungen jederzeit ändern können, geben wir Links oder Telefonnummern an, damit Sie sich bei Bedarf selbst erkundigen können.

Inhaltsverzeichnis:

Allgemeines

Salzburg liegt an der Salzach, die das 'Salzburger Becken' von Süden nach Norden durchfließt und schließlich in den Inn mündet. Südlich der Stadt beginnen die Alpen, im Nordwesten stößt Salzburg an den Freistaat Bayern und ist damit eine Grenzstadt zu Deutschland. Ihren Namen verdanken Fluss und Stadt der Salzschifffahrt, die noch im 19. Jahrhundert auf der Salzach betrieben wurde.

Salzburg, die Landeshauptstadt des gleichnamigen Bundeslandes, ist nicht nur die älteste, sondern nach Wien, Graz und Linz auch die viertgrößte Stadt Österreichs. Seit 1996 zählt das historische Zentrum Salzburgs zum Weltkulturerbe der UNESCO. Berühmte Persönlichkeiten der Stadt sind unter anderem Christian Andreas Doppler, der am 29. November 1803 in Salzburg geboren wurde. Er war Mathematiker und Physiker und ist durch den nach ihm benannten Doppler-Effekt bekannt.

Herbert von Karajan, am 5. April 1908 in Salzburg geboren und im Alter von 81 Jahren dort gestorben, zählt zu den bedeutendsten Dirigenten des 20. Jahrhunderts.

Auch die Schauspielerin Muriel Baumeister, der Schauspieler Harald Krassnitzer und der Fußballspieler und Trainer Martin Amerhauser stammen aus Salzburg. Die Liste bekannter Persönlichkeiten ist lang und ließe sich endlos fortsetzten. Doch der berühmteste Sohn der Stadt ist zweifellos der Komponist Wolfgang Amadeus Mozart, der 1756 in Salzburg das Licht der Welt erblickte. Um seinen Geburtsort zu sehen, kommen Tag für Tag tausende Touristen in die 'Mozartstadt'.

Doch Salzburg hat noch viel mehr zu bieten. Wer in der Welt des Theaters Rang und Namen hat, trat bei den Salzburger Festspielen auf. Von Attila Hörbiger bis Pinchas Zuckermann waren sie alle zu Gast. Außerdem hat sich die Stadt auf Grund ihrer verkehrsgünstigen Lage zu einem bedeutenden Messe- und Kongressstandort entwickelt - denn Salzburg ist Verkehrsknotenpunkt der wichtigsten Schienenrouten Europas. Die West-Ost-Verbindung 'München – Wien – Budapest' läuft durch Salzburg, und ermöglicht über Villach und Udine den Anschluss nach Süden.

Salzburg war durch den Handel mit Salz, Gold und anderen Rohstoffen äußerst vermögend geworden. Das sollte auch nach außen hin sichtbar werden, und so begannen im 17. Jahrhundert die mächtigen Fürsterzbischöfe die Stadt mit Hilfe der besten Architekten der damaligen Zeit in ein barockes Juwel zu verwandeln. Zu den bedeutendsten Bauherren gehörte Fürsterzbischof Guidobald Graf von Thun. In seiner vierzehnjährigen Regierungszeit (1654 bis 1668) prägte er das Bild der Stadt nachhaltig.

Geschichte

Bereits in der Jungsteinzeit begann die Besiedelung im Umfeld des heutigen Stadtgebietes. Später folgten Siedlungen der Alaunen - ein Stamm der Kelten, der sich vor allem im heutigen Österreich und dem bayrischen Chiemgau ausbreitete.

15 v. Chr. legten die Römer im Gebiet der heutigen Altstadt eine Siedlung an, die den Namen Iuvavum trug. Er bezieht sich auf die keltische Flussgottheit Iuvavo, nach der die Salzach damals benannt war. Dieser Name hielt sich bis ins späte Mittelalter.

Die Bevölkerung, die bis zum Einmarsch der Römer hauptsächlich auf den umliegenden Hügeln und Bergen lebte, wurde von den Besatzern in die neuentstandene Ortschaft im Tal umgesiedelt. Iuvavum entwickelte sich bald zu einer der wichtigsten Städte der neuen römischen Provinz Noricum. Sie wurde mehrfach zerstört und wieder aufgebaut und erlebte 306–337 unter Konstantin dem Großen eine letzte Blüte. Als 488 mit der Aufgabe der Provinz Noricum ein großer Teil der romano-keltischen Bevölkerung abwanderte, begann der Niedergang Iuvavums.

Anno 696 wurde Salzburg unter Bischof Rupert als Bischofssitz neu gegründet und hundert Jahre später von Papst Leo III. zum Erzbistum für beinahe das gesamte altbayrische Stammesgebiet erhoben. Dazu zählten Niederbayern, Oberbayern, Oberpfalz sowie ein Großteil des heutigen Österreich. Der Name Salzburg taucht 755 zum ersten Mal auf.

996 erhielt Salzburg durch Kaiser Otto III. das Markt-, Münz- und Mautrecht. Das älteste nachweisbare Stadtrecht Salzburgs stammt aus dem Jahr 1287.

Im Europa des Hochmittelalters entstand ein Konflikt (Investiturstreit) um die Amtseinsetzung von Geistlichen durch die weltliche Macht. Im Jahr 1166 verhängte im Zuge dieses Investiturstreits Kaiser Friedrich Barbarossa die Reichsacht über Salzburg. Grund:

Erzbischof Konrad II. von Babenberg trat die Herrschaft Salzburgs ohne die kaiserliche Belehnung an und unterstützte Papst Alexander III. statt den kaiserlichen Gegenpapst. Zwei Jahre später ließ Barbarossa die Stadt zur Strafe niederbrennen.

Zwischen 1200 und 1246 gelang es Erzbischof Eberhard II., innerhalb Bayerns ein geschlossenes erzbischöfliches Herrschaftsgebiet aufzubauen, wodurch Salzburg und das Umland eine wirtschaftliche und kulturelle Blütezeit erlebten. Brauereien siedelten sich im Stadtgebiet an, eine Stadtbrücke wurde erbaut, der Chiemseehof als Residenz der Bischöfe von Chiemsee errichtet.

Gegen Ende des 13. Jahrhunderts wurde Salzburg immer einflussreicher und löste sich mehr und mehr vom Mutterland Bayern. Die Stadt lebte hauptsächlich von der Salzgewinnung und zeitweise auch vom Goldbergbau. Bis in die Zeit des Hochbarock begründete das 'weiße Gold' den Reichtum der Stadt.

Nachdem Salzburg im Jahr 1322 in der Schlacht bei Mühldorf an der Seite der Habsburger gegen Bayern gekämpft hatte, war das Erzbistum mit dem Mutterland Bayern verfeindet und entwickelte sich innerhalb des Heiligen Römischen Reiches weitgehend zum selbstständigen Staat.

1481 gewährte Kaiser Friedrich III. den Salzburger Bürgern das Recht auf freie Wahl von Stadtrat und Bürgermeister, was zu ständigen Auseinandersetzungen der Bürgerschaft mit den Ratsherrn führte. Dreißig Jahre später beendete Erzbischof Leonhard von Keutschach diese Streitereien gewaltsam. Als sie zu einem Bankett erschienen, nahm er Bürgermeister und Ratsherren gefangen und zwang sie, auf alle städtischen Privilegien zu verzichten.

Während des Deutschen Bauernkriegs kam es 1525 auch in Salzburg zu einem Bauernaufstand. Fürsterzbischof Matthäus Lang von Wellenburg musste mit seinem Gefolge auf die Festung fliehen, die von Aufständischen drei Monate lang belagert wurde. Durch Vermittlung von Herzog Ludwig von Bayern wurde schließlich ein Waffenstillstand vereinbart.

1587 wird Wolf Dietrich von Raitenau zum Fürsterzbischof gewählt - Fürsterzbischöfe trugen diesen Titel, weil sie sowohl kirchliche als auch weltliche Macht besaßen. Er begann damit, die mittelalterliche Stadt zur Barockstadt um- und auszubauen. Der hohe Salzpreis und Konflikte mit Bayern brachten ihn jedoch zu Fall. Ein Einmarsch seiner Truppen in Berchtesgaden im Herbst des Jahres 1611 wurde von bayrischer Seite mit einem Einmarsch in Salzburg beantwortet. Wolf Dietrich floh, wurde jedoch gefasst und von seinem Nachfolger und Neffen Markus Sittikus Graf von Hohenems bis an sein Lebensende zuerst in der Festung Hohenwerfen, dann in der Festung Hohensalzburg eingesperrt.

Die Unzufriedenheit der Bürger und Handwerker mit dem absolutistischen Führungsstil ihrer Fürsterzbischöfe hatte bereits Anfang des 16. Jahrhunderts dazu geführt, dass sich die Salzburger dem Protestantismus gegenüber sehr aufgeschlossen zeigten. Immer mehr traten nun zum neuen Glauben über, was die Obrigkeit veranlasste, fast alle protestantischen Familien des Landes zu verweisen. Säuglinge und Kinder unter fünfzehn Jahren mussten meist zurückgelassen werden und wurden unter katholischen Familien 'verlost'.

Unter Fürsterzbischof Leopold Anton von Firmian mussten 1731 weitere 20.000 Protestanten das Salzburger Land verlassen(Salzburger Exulanten). So wurde Salzburg zum Zentrum der Gegenreformation, in dem sich ein Großteil der Bewohner in Laienbruder-schaften zusammenschloss. Ein Priesterseminar, Klöster und zahlreiche Barockkirchen wurden gebaut.

Von 1618 bis 1648 wütete in Europa und im Heiligen Römischen Reich deutscher Nation der Dreißigjährige Krieg. Gemeinsam mit ihren jeweiligen Verbündeten trugen die Österreicher und Spanier ihre dynastischen Interessenkonflikte mit Frankreich, den Niederlanden, Dänemark und Schweden aus. Doch Paris Graf von Lodron, der zu dieser Zeit Fürsterzbischof von Salzburg war, gelang es durch kluges Taktieren, seine Stadt aus dem Kriegsgeschehen herauszuhalten. Gleichzeitig ließ er von seinem Baumeister Santino Solari einen wehrhaften Gürtel von fünf großen Bastionen um die Neustadt ziehen. In der Altstadt wurden die Felsen des Mönchsbergs als natürliche Wehrmauern sowie die Festung Hohensalzburg mit einbezogen. Ab 1860 wurde diese Stadtbefestigung jedoch geschleift.

Ab Beginn des 19. Jahrhunderts war Salzburg Spielball der Mächte. 1803 ging es auf Anordnung Napoleons zusammen mit Freising und Passau als säkularisiertes Kurfürstentum an den Großherzog Ferdinand III. von

Toskana. 1805 wurden Stadt und Land Salzburg zusammen mit Berchtesgaden dem neuen Kaiserreich Österreich eingegliedert. 1810 fielen sie wieder an Bayern zurück und kamen nach dem Wiener Kongress (1816) neuerlich zu Österreich. Berchtesgaden und der westliche Salzburggau blieben jedoch bei Bayern.

1919 wurde Salzburg Teil der Republik Deutschösterreich. 1921 sollte Deutschösterreich an das republikanische Deutsche Reich angeschlossen werden, was aber von den Siegerstaaten des 1. Weltkrieges verhindert wurde.

Der 2. Weltkrieg stand vor der Tür. Mit dem Anschluss an die NS-Diktatur kam es in Salzburg nicht nur zu Verhaftungen und Deportationen politischer Gegner, Juden und Angehöriger anderer Minderheiten, es wurden auch Bücher verbrannt und im Rahmen der Reichskristallnacht die Salzburger Synagoge erheblich beschädigt. In den Jahren 1942/43 wurden in der Stadt sowohl Kriegsgefangenenlager der Wehrmacht als auch Luftschutzbunker errichtet.

1944/45 flogen Amerikanische Flieger insgesamt 15 Bombenangriffen auf Salzburg. Dabei starben mehr als 500 Menschen, und zwischen 14 000 und 15 000

Menschen wurden obdachlos. Den Bomben fielen vor allem das Bahnhofsgebiet, aber auch Teile der Innenstadt zum Opfer, darunter die Domkuppel und Mozarts Wohnhaus. Das Bundesland Salzburg sowie ein Großteil Oberösterreichs gerieten zur US-Besatzungszone, wobei Salzburg Sitz des US-Oberkommandos war. Die Bevölkerung arrangierte sich jedoch schnell mit der Besatzungsmacht, was zur baldigen wirtschaftliche Erholung von Stadt und Land führte und Salzburg den Beinamen „Goldener Westen" einbrachte.

Heute ist Salzburg mit einer Katholisch-Theologischen, einer Geisteswissenschaftlichen, einer Naturwissenschaftlichen, einer privaten Medizinischen und einer Juridischen Fakultät (wieder) Universitätsstadt und hat sich zur erfolgreichen Handels-, Messe- und Tourismusstadt entwickelt.

Rundgang

Unser Rundgang beginnt am Mirabellgarten, unweit des Hauptbahnhofs. Wie Sie dort hinkommen, lesen Sie unter Anreise/Parken. Er führt durch den Garten in die Altstadt, zur Burg und auf anderem Weg wieder zurück. Die Wege sind genau beschrieben. Wenn Ihnen das sicherer erscheint, können Sie sich am Hauptbahnhof in der dortigen Touristeninfo noch einen kostenlosen Stadtplan holen.

Natürlich müssen Sie nicht zwingend am Mirabellgarten anfangen, Sie können an jeder beliebigen Stelle in den Rundgang einsteigen. Folgen Sie unserer Wegebeschreibung bis zum Mirabellgarten und von dort weiter bis zu der Stelle, an der Sie den Rundgang begonnen haben.

Tipp: Falls Sie nur einen Tag in Salzburg bleiben, sollten Sie sich nicht zu viel vornehmen. Der Rundgang ohne Innenbesichtigungen ist leicht zu schaffen, da bleibt auch Zeit für ein gemütliches Essen und einen Nachmittagskaffee. Wer gut zu Fuß ist, kann zusätzlich z.B. noch das Domquartier oder die Burg ansehen – den Rest sollte man sich für einen zweiten Tag oder einen nächsten Salzburgbesuch vornehmen.

Schloss Mirabell und Mirabellgarten

Betreten Sie den Mirabellgarten durch den Eingang (vom Parkplatz aus gesehen rechts vom Schloss). Gehen Sie am Schloss vorbei und links zum 'Pegasusbrunnen' mit dem geflügelten Pferd in der Mitte. Nehmen Sie sich dort Zeit, um etwas über Schloss und Garten zu erfahren.

Das Schloss

Obwohl in der Neustadt gelegen, gehört Schloss Mirabell zum 'UNESCO-Welterbe Historisches Zentrum' und zählt vor allem seiner Barockgärten wegen zu den beliebtesten Touristenattraktionen Salzburgs. Als es 1606 von Fürsterzbischof Wolf Dietrich von Raitenau für Salome Alt (seine heimliche Ehefrau und Mutter seiner fünfzehn Kinder) erbaut wurde, lag es außerhalb der damaligen Stadtmauern und hieß Schloss Altenau. Wolf Dietrich konnte sich ein solches Schloss leisten, denn er war zu dieser Zeit der reichste unter den Geistlichen Herren im gesamten Heiligen Römischen Reich Deutscher Nation. Vom ursprünglichen Bau sind heute jedoch nur noch Reste im Kellergeschoss des Südwestecks erhalten.

Nach kriegerischen Auseinandersetzungen mit den Bayern sah Raitenau sich zur Flucht gezwungen, wurde jedoch gefasst und von seinem Nachfolger und Neffen Markus Sittikus Graf von Hohenems bis an sein Lebensende in strenge Einzelhaft genommen. Salome Alt und ihre Kinder wurden von Sittikus vertrieben, ihr Schloss in Schloss Mirabell umbenannt. Als Sittikus' Nachfolger Fürsterzbischof Paris von Lodron während des Dreißigjährigen Krieges einen Befestigungsgürtel um Salzburg legen ließ, wurde auch Schloss Mirabell mit einbezogen.

Zu Beginn des 18. Jahrhunderts gab Fürsterzbischof Franz Anton von Harrach den Auftrag zum Umbau des Schlosses. Unter Baumeister Johann Lucas von Hildebrandt entstand eine barocke vierflügelige Anlage mit Innenhof. Bei einem verheerenden Stadtbrand anno 1818 wurde auch das Schloss schwer beschädigt und nachfolgend im klassizistischen Stil wieder aufgebaut. Architekt war Johann Georg von Hagenauer. Nur die westseitige Hof – und Gartenfassade sowie der Garten selbst blieben bei dem Brand weitgehend unbeschadet.

Im Inneren des Schlosses sind vor allem die Georg-Raphael-Donner-Prunkstiege, der Marmorsaal und die Schlosskapelle interessant. Sollten Sie nach dem Rundgang auf dem Rückweg zum Bahnhof bzw. zu Ihrem Auto noch Zeit und Muße haben, lohnt sich eine Innenbesichtigung.

Für Rollstuhlfahrer: Das Schloss ist barrierefrei.

Der Garten

wurde erst 1854 von Kaiser Franz Joseph der Öffentlichkeit zugänglich gemacht. Er ist ein für seine Zeit typischer Barockgarten und wurde 1690 nach Plänen von Johann Bernhard Fischer von Erlach nach geometrischen Grundrissen angelegt und um 1730 von

Franz Anton Danreiter leicht umgestaltet. Zwar wurden Teile des Gartens später verbaut und 1913 der Pegasusbrunnen eingefügt, doch im Großen und Ganzen ist die Gartenanlage in ihrer barocken Gestaltung erhalten geblieben. Der Pegasusbrunnen ist ein Werk von Kaspar Gras. Er befand sich ursprünglich bei der

Pferdeschwemme am Kapitelplatz und wurde erst 1913 im Mirabellgarten aufgestellt.

Für Rollstuhlfahrer: Der Mirabellgarten ist barrierefrei.

So gehen Sie weiter: Mit dem Schloss im Rücken sehen Sie vor sich eine Treppe, die von zwei Löwen 'bewacht' wird. Gehen Sie diese Treppe hoch und geradeaus über den Steg. Dort befindet sich eine kleine Parkanlage, der

Zwergengarten

Er entstand 1690/91 im Auftrag von Erzbischof Franz Anton Fürst Harrach. Harrach ließ achtundzwanzig solcher Zwergen-Skulpturen aufstellen und schuf damit den weltweit ältesten Zwergengarten.

1811 entfernte und versteigerte man die Zwerge, weil Darstellungen missgestalteter Menschen als nicht mehr zeitgemäß und unschicklich galten. Als man sich zu Beginn des 20. Jahrhunderts wieder an den 'Zwergerlgarten' erinnerte und versuchte, die Figuren zurückzubekommen, konnte man aber nur sechzehn von ihnen zurückkaufen. Hätte man noch alle achtundzwanzig, wäre der Salzburger Zwergengarten der größte der Welt.

Für Rollstuhlfahrer: Auch der Zwergengarten ist mit dem Rollstuhl zu erreichen. Nur muss man dann zurück zum Eingang und dort den rechten Weg auf die leichte Anhöhe nehmen, dann links.

So gehen Sie weiter: Zurück über den Steg, doch vor der Treppe rechts. Auf diesem erhöhten Weg kommen Sie direkt zum Heckentheater.

Es handelt sich um ein kleines Freilichttheater in Form eines Labyrinths. Zwischen 1704 und 1718 angelegt, ist es eines der ältesten Heckentheater nördlich der Alpen. Es wird heute noch gelegentlich für kleine Theateraufführungen oder Konzerte verwendet.

Am Ende des Weges gehen sie links die Treppe hinunter. Unten angelangt schauen Sie nach rechts. Am Ende der Flucht befindet sich der Susanna-Brunnen. Er stammt aus dem Jahr 1612. Angeblich wurde die Figur der Susanna nach einem Abbild der Salome Alt geschaffen – sie war die Geliebte und heimliche Ehefrau von Wolf Dietrich.

Vor Ihnen liegt nun

Der Springbrunnen des Großen Gartenparterres

Die vier Figurenpaare, die den Brunnen umgeben, stammen aus dem Jahr 1690 und wurden von Ottavio Mosto geschaffen. In ihrer Doppelbedeutung stehen sie einerseits für die vier Elemente (Wasser, Feuer, Luft und Erde), anderseits zeigen sie vier Szenen aus der Mythologie:

Aeneas rettet seinen Vater und seinen Sohn Askanius aus dem brennenden Troja.
Hades raubt Persephone aus der Unterwelt.
Paris entführt Helena.
Herkules besiegt Anthäus.

Die Marmorbalustraden mit den Vasen, die das Große Gartenparterre umgeben, wurden von Fischer von Erlach entworfen. Auf den Balustraden stehen antike Gottheiten.

So gehen Sie weiter: Mit dem Schloss im Rücken sind es noch ein paar Schritte bis zum 'Ausgang Markatplatz', der von zwei Faustkämpfern bewacht wird. Es sind Kopien des antiken Borghesischen Fechters, das Original steht im Louvre. Sie haben bisher 500 Meter zurückgelegt.

Links von Ihnen ist das Hotel Bristol, rechts das Salzburger Landestheater. Gegenüber dem Landestheater sehen Sie das Geburtshaus von Christian Andreas Doppler, der am 29. November 1803 in Salzburg geboren wurde. Er war Mathematiker und Physiker und ist durch den nach ihm benannten Doppler-Effekt bekannt.

Geradeaus sehen Sie das Mozart Wohnhaus (nicht zu verwechseln mit dem Geburtshaus). Die Kirche auf der Ostseite des Platzes (links) ist die Dreifaltigkeitskirche, die wie der Mirabellgarten ein Werk von Johann Bernhard Fischer von Erlach ist.

Mozart Wohnhaus

Mozart lebte ab 1773 acht Jahre lang in der Acht-Zimmer-Wohnung im ersten Stock, bevor er Anfang 1781 endgültig nach Wien zog. Sein Vater Leopold starb in diesem Haus 1787. Das Gebäude wurde im zweiten Weltkrieg Großteils zerstört, jedoch originalgetreu wieder aufgebaut.

Seit 1996 ist in dem Haus ein zweites Mozart-Museum untergebracht. Die Ausstellung zeigt Originaldokumente und Portraits Mozarts während seiner Salzburger Jahre, dokumentiert die Reisen der Familie und die Geschichte des Hauses. Besonderes Interesse finden bei den Besuchern Mozarts Original-Hammerklavier, eine Geige, die er in seiner Zeit in Wien benutzte, und das bekannte Familienbild im Tanzmeistersaal.

Für Rollstuhlfahrer: Zugang erschwert möglich.

So gehen Sie weiter: Auf der Straße zwischen Mozart-Wohnhaus und Geburtshaus von C.A. Doppler bis zur Staatsbrücke, auf der Sie die Salzach überqueren und die Altstadt durch den Torbogen des Hauses betreten, das direkt am Brückenkopf steht (350 Meter).

Sie befinden sich nun auf dem

Rathausplatz

Das Rathaus ist der viergeschossige Bau linkerhand. Es war im 14. Jahrhundert das Wohnhaus der Patrizierfamilie Keuzl. 1407 wurde es von der Stadtgemeinde erworben und in den Jahren 1616 bis 1618 unter Erzbischof Markus Sittikus umgebaut.

Gehen Sie links um das Rathaus. Dort sehen Sie in einer Nische die Figur der Justitia. Sie weist auf die einstige Funktion des Hauses als Gerichtsstätte hin.

Beachtenswert ist der Uhrturm an der Süd-Ost-Ecke mit dem aufgesetzten sechseckigen Glockentürmchen. Es ist mit je einer Glocke von Hans Ralb aus dem 14. Jahrhundert und von Christoph Sesselschreiber aus dem frühen 16. Jahrhundert bestückt. Die Turmuhr verfügt über ein langes, im Turminneren schwingendes Pendel. Das große mechanische Werk ist das vermutlich älteste erhaltene Uhrwerk im Salzburger Land.

So gehen Sie weiter: Am Haus Krazlmarkt 3 vorbei, ein paar Schritte weiter liegt rechts

Der Alte Markt

wurde im 13. Jahrhundert als städtischer Marktplatz angelegt. An diesen zentralen Marktplatz schlossen sich einst der Milchmarkt, der Kräutermarkt, der Rüben- und Krautmarkt und der Hafnermarkt an. Der Alte Markt diente auch als Kulisse für verschiedene Veranstaltungen wie den Schwerttanz der Dürrnberger Bergwerksknappen, den Pfingsttanz, den Barfuß-tanz der Bäcker und das Johannisfeuer zur Sommer-sonnwende. Bis ins 19. Jahrhundert fand hier neben dem Altstadtwochenmarkt (heute auf dem Universi-tätsplatz) auch der alljährliche Fastenmarkt und der Rupertimarkt (Herbstmarkt) statt. Die Bürgerhäuser, die den Alten Markt säumen, reichen im Kern zum Teil bis ins Mittelalter zurück.

Das kleinste Altstadthaus Salzburgs steht neben dem ältesten Caféhaus Österreichs, dem 'Tomaselli' (rechts vom Brunnen). Es beherbergt einen Laden, ist nur 1,42 Meter breit und entstand Mitte des 19. Jahr-hunderts durch Verbauung eines Gässchens.

In der Mitte des Alten Marktes steht der Florianibrun-nen. Er wurde 1488 anstelle eines Ziehbrunnens er-richtet. Das achtseitige Brunnenbecken zu dem zwei Marmorstufen führen, stammt aus dem Jahr 1687. Das filigrane Spiralgitter wurde bereits 1583 von Wolf Guppenberger geschmiedet. Brunnensäule und schmiedeeisernes Gitter sind mit dem Wappen der Stadt Salzburg versehen. Die Statue auf der Brun-nensäule stellt den Heiligen Florian von Lorch dar. Sie wurde 1734 von Josef Anton Pfaffinger geschaffen.

Neben dem Brunnen, gegenüber dem kleinsten Altstadthauses Salzburgs, befindet sich seit Ende des 16. Jahrhunderts die Fürsterzbischöfliche Hofapotheke. Es lohnt sich, dort eine Tüte Kräuterbonbons oder Papiertaschentücher zu kaufen, um so einen Blick hineinzuwerfen zu können!

So gehen Sie weiter: Bis zum Ende des Platzes, dann links. Vor Ihnen öffnet sich der Residenzplatz. (100 Meter) Oder Sie nehmen einen kleinen Umweg von etwa 200 Metern durch die malerischen Gassen der Stadt. Dann gehen Sie am Ende des Alten Markts links und gleich wieder links in die Brodgasse. Beachten Sie am Anfang der Gasse links neben der Raiffeisenbank die kleine etwas unscheinbare Café-Konditorei Fürst. Ihr Begründer hat die Mozart-Kugel kreiert, die wohl das meistgekaufte Souvenir aus Salzburg ist! Von der Brodgasse biegen Sie nach etwa 100 Metern rechts in die Goldgasse ein - sie führt wieder zurück zum Residenzplatz.

Residenzplatz

Gemeinsam mit der Erzabtei St. Peter und der Franziskanerkirche bildeten Dom und Residenz das Zentrum fürsterzbischöflicher Macht. Damit der 'Prunkplatz' von Salzburg in dieser Größe entstehen und sein barockes Gesicht erhalten konnte, ließ Fürsterzbischof Wolf Dietrich von Raitenau ab 1587 den Domfriedhof auflösen sowie fünfundfünfzig Bürgerhäuser, Teile der Alten Residenz und das einstige Domkloster schleifen.

Wie die Bürgerhäuser am Alten Markt reichen auch die Wohn- und Geschäftshäuser am Residenzplatz im Kern auf mittelalterliche Bauten zurück. Zwischen der an diese Häuser anschließenden Michaelskirche und der Neuen Residenz im Osten geht der Residenzplatz in den Mozartplatz über. Im Süden wird er vom Dom begrenzt, im Westen von der Alten Residenz.

Einst war der Platz ganz mit Salzachkieselsteinen gepflastert. Doch Autos und abertausende Touristen, vor allem aber die schweren Schneeräumfahrzeuge, machten ihm zu schaffen. Deshalb deckte man diesen historischen Belag, der zum großen Teil noch erhalten ist, mit einer schützenden Sandschicht ab. Es ist geplant, nach altem Vorbild einen neuen Bodenbelag zu verlegen, der den heutigen Anforderungen gerecht wird. Am Brunnen ist ein Teilstück des Bodenbelags zu sehen.

Vom traditionellen Fackeltanz, den man hier anlässlich der Eröffnung der Salzburger Festspiele alljährlich bewundern kann, über den Rupertikirtag (Volksfest) und den berühmten Salzburger Christkindlmarkt, bis hin zu Musikveranstaltungen, wird der Residenzplatz Zeit seines Bestehens für allerhand Veranstaltungen genutzt. So hat der Platz auch ein trauriges Kapitel zu verzeichnen. Am 30. April 1938, kurz nach dem Anschluss Österreichs an Nazi-Deutschland, war er Ort der einzigen nationalsozialistischen Bücherverbrennung in Österreich.

Der Residenzbrunnen

In der Mitte des Platzes, an Stelle des ehemaligen Friedhofs, steht der Residenzbrunnen, der früher Hofbrunnen hieß. Er ist der größte Barockbrunnen Mitteleuropas und stammt aus dem 17. Jahrhundert. Im Auftrag von Erzbischof Guidobald von Thun wurde er vermutlich von Tommaso di Garona aus Untersberger

Marmor geschaffen, einem hellen, marmorartigen Sandstein. Das mittige Skulpturenensemble steht auf einem künstlichen Felsen, der von vier wasserspeienden Meerrossen (Hippocampen) umgeben ist. Ganz oben erhebt sich der griechische Meeresgott Triton gen Himmel, der eine Muschel hält, aus der er Wasser speien lässt. Wer genauer hinsieht, kann neben den großen Skulpturen auch einiges an 'Kleingetier' im Felsengetümmel entdecken …

Sollten Sie im Winter nach Salzburg reisen, wundern Sie sich nicht, wenn Sie statt des Brunnens nur einen großen Holzverschlag vorfinden. Um ihn vor Frostschäden zu schützen, wird er vollkommen verschalt.

Tipp: Sollten Sie Lust auf eine Fahrt mit einer Pferdekutsche oder einer Rikscha haben, Startplatz für beides ist hier auf dem Residenzplatz/Ecke Alter Markt. Übrigens nennen

auch die Salzburger wie die Wiener ihre Pferdekutschen Fiaker.

Die Neue Residenz

an der Ostseite des Platzes (die Burg liegt im Süden) wurde einst auch Palazzo Nuovo genannt. Fürsterzbischof Wolf Dietrich von Raitenau begann mit dem Bau im Jahr 1588, nachdem er die Bürger- und Domherrenhäuser, die an dieser Stelle standen, hatte schleifen lassen.

Anfangs diente der Palast den Brüdern des Fürsterzbischofs als Wohnsitz, doch nachdem zwei von ihnen nach einem Familienstreit die Stadt verlassen hatten, wurde die Neue Residenz für öffentlichen Zwecke genutzt und wechselnde Amtsräume darin untergebracht.

Der Turm mit dem Glockenspiel war ursprünglich fünfgeschossig und besaß ein flaches Pyramidendach mit aufgesetzter kleiner Tambourkuppel. Erst 1701 erhielte er im Auftrag von Erzbischof Johann Ernst von Thun seinen heutigen achteckigen Aufbau, um dort ein Glockenspiel unterzubringen. Die fünfunddreißig Glocken und das Spielwerk schuf der Antwerpener Glockengießer Melchior des Haze (1632-1697). Es heißt, des Haze hätte sich geweigert, nach Salzburg zu kommen, aus Angst, es könne ihm niemand die

Beichte abnehmen, falls ihm dort sein letztes Stündlein schlagen würde. Deshalb musste der Salzburger Hofuhrmacher Jeremias Sauter das Glockenspiel montieren. Darauf führten böse Zungen den Umstand zurück, dass es nicht hundertprozentig harmonisch gestimmt ist. Ob die Lästerzungen Recht haben, können Sie täglich um 12 Uhr mittags selbst überprüfen, dann ist das Glockenspiel zu hören.

Die Fassaden sollten nach Wolf Dietrichs Plänen bedeutend aufwendiger gestaltet werden. Doch da sie erst unter seinem Neffen und Nachfolger Markus Sittikus bzw. unter dessen Nachfolger Erzbischof Paris Graf von Lodron fertiggestellt wurden, fielen sie wesentlich schlichter aus. Nur die vier Ecken des Gebäudes wurden gemäß Wolf Dietrichs Wunsch ausgeschmückt. So finden sich dort die Wappen der Geschlechter Medici, Hohenems, Raitenau und Sirgenstein, denen seine Großeltern entstammten.

Vom südöstlichen Eck der Neuen Residenz blieben nach einem Bombenangriff 1944 lediglich die Außenmauern stehen. Nach Kriegsende wurden die zerstörten Räume rekonstruiert.

Der Komplex besteht aus zwei Teilen. Ganz rechts außen (Süden), etwas zurückversetzt, ließ Fürsterzherzog Maximilian Gandolf Graf von Kuenburg in der zweiten Hälfte des 17. Jahrhunderts anstelle des einstigen Gartens einen Anbau errichten. Im ersten Stock dieses sogenannten 'Kuenburg Trakts' war lange Zeit die fürsterzbischöfliche Hofbibliothek untergebracht. Ein Stockwerk höher befand sich der Erbämtersaal. Die Holzkassettendecke mit ihrem Arkantusrankenschnitzwerk aus dem Jahr 1680 ist erhalten geblieben.

Tipp: Falls Sie noch einen zweiten oder dritten Tag in Salzburg verbringen können, lohnt sich eine Innenbesichtigung. Zu sehen sind die fürstbischöflichen Gemächer, Säle und Prunkräume, die mit Spiegelgewölben und reichem bunten Stuckdekor, Kassettendecke aus Holz, Gold - und Keramikmosaike geschmückt sind. Man erhält am Eingang einen kostenlosen Audioguide.

Für Rollstuhlfahrer: Zugang unbegrenzt möglich.

Ein Brailleguide für blinde und sehbehinderte Menschen, sowie eine ausleihbare Induktionsschleife zum Audioguide für Menschen mit Hörgerät sind an der Kasse erhältlich.

Tipp: Im Erdgeschoss der Neuen Residenz befindet sich eine Postfiliale.

Domquartier

Im Westen des Platzes, gegenüber der Neuen Residenz, befindet sich die Alte Residenz. Man betritt sie durch ein imposantes Marmorportal, das die Wappen der Fürsterzbischöfe Wolf Dietrichs, Paris Lodrons und Franz Anton Harrachs trägt.

Erst seit dem 17. Mai 2014 ist dieser eindrucksvolle Rundgang durch die oberen Etagen des Zentrums einstiger Fürsterzbischöflicher Macht möglich. Zu sehen sind mit nur einer Eintrittskarte die fünfzehn Prunkräume und die Residenzgalerie. Weiter gelangt man über die Dombogenterrasse ins Nordoratorium im Dom. Es folgen die Domorgelempore und das Dommuseum, schließlich die Kunst- und Wunderkammer, die Lange Galerie und das Museum von St. Peter. Mit der Franziskanerkirche endet der Rundgang, für den man laut der Salzburger Tourismusverbände auf 1 300 Metern etwa 2 500 Schritte gehen und 116 Türen durchschreiten muss. Wer sich für Kirchengeschichte, Kunstgeschichte und Architektur interessiert und für den Rundgang zwei Stunden Zeit nehmen kann, sollte ihn nicht missen. Zudem hat man von den Fenstern oder der Dombogenterrasse aus interessante Ausblicke auf die umliegenden Plätze.

Öffnungszeiten: Im Juli und August täglich, ansonsten dienstags geschlossen. Während der Hochämter im Dom, bei Veranstaltungen in den Prunkräumen der Residenz sowie bei Ausstellungsauf- und -abbau eingeschränkter Betrieb.

Am Eingang erhält man einen kostenlosen Audioguide. Besonders angenehm: Fast in jedem Raum stehen Stühle, auf denen man sich ausruhen kann.

Für Rollstuhlfahrer: Zugang uneingeschränkt möglich, wenn auch etwas umständlich. Man muss schon mal zurück und einen anderen Aufzug nehmen.

So gehen Sie weiter: Sie verlassen das Gebäude durch dasselbe Portal, durch das Sie es betreten haben. Gehen Sie nun rechts durch die Torbögen auf den Domplatz.

Der Domplatz

Auch für diesen Platz zeichnet Fürsterzbischof Wolf Dietrich verantwortlich. Durch seine architektonische Geschlossenheit und die barocke Schönheit strahlt er eine besondere Ruhe aus. Begrenzt wird der Platz vom Dom vorne, der erzbischöflichen Residenz linkerhand, einem Konventtrakt des Stifts St. Peter rechterhand und den von Giovanni Antonio Darios errichteten 'Dombögen', die dem Dom genau gegenüber liegen.

In der Mitte des Domplatzes steht ein Brunnen mit einer Marienfigur (Maria Immaculata -unbefleckte Maria). Sie wurde in Anlehnung an die Marienstatuen in Wien und München errichtet, ist zwischen 1766 und 1771 entstanden und ein Werk der Brüder Wolfgang und Johann Baptist Hagenauer. Sie steht auf einer Weltkugel aus 'Untersberger Marmor", einem feinen und hellen, leicht ins Rosa gehenden Kalkstein, und ist von vier allegorischen Figuren umgeben - Engel, Teufel, Wahrheit bzw. Weisheit und Kirche.

Zur Festspielzeit wird der Domplatz zum Aufführungsort des Schauspiels 'Jedermann' von Hugo von Hof-

mannsthal. Im Winter findet hier und auf dem be-
nachbarten Residenzplatz der Salzburger Christkindlmarkt statt.

Die Geschichte des Doms

Der erste Dom an dieser Stelle wurde anno 774 den
Heiligen Rupert und Virgil geweiht. Dieser sogenannte
'Virgilianische Dom' war eine dreischiffige romani-
sche Basilika mit vorgelagertem Paradies (Vorhalle)
und eigenem Baptisterium. 845, also nur 70 Jahre
nach seiner Fertigstellung, schlug ein Blitz ein, und der
Dom brannte bis auf die Grundmauern nieder.

1127 brach bei einem Glockenguss auf dem Domplatz ein Feuer aus, das nicht nur den Dom, sondern auch große Teile der Stadt und die Stiftskirche von St. Peter vernichtete.

Unter Erzbischof Hartwig entstand eine neue Basilika, auch 'Salzburger Münster' genannt. Nur vierzig Jahre spätere, in der Nacht von 4. zum 5. April 1167, brannte auch dieser Dom ab. Es hieß, dass Kaiser Friedrich Barbarossa die Stadt anzünden ließ, weil Erzbischof Konrad II. von Babenberg die Herrschaft Salzburgs ohne die kaiserliche Belehnung angetreten und nicht den kaiserlichen Gegenpapst, sondern Papst Alexander III. unterstützt hatte. Bei diesem Brand wurden mit dem Dom viele Wohnhäuser und sechs weitere Kirchen zerstört.

Darauf wurde unter Bischof Konrad III. von Wittelsbach und seinem Nachfolger der noch stattlichere fünfschiffige 'Konradinische Dom' errichtet. Er besaß fünf Türme, war größer als der heutige Dom und zählte zu den größten und bedeutendsten Basiliken nördlich der Alpen.

Im Jahr 1312 gab es wieder einen Brand. Diesmal schmolzen durch die enorme Hitze sogar die Glocken.

Fast dreihundert Jahre später, in der Nacht vom 11. auf den 12. Dezember 1598 brannten die Dachstühle des wiederaufgebauten Domes ab. Unmittelbar danach setzte ein verheerendes Unwetter mit anschließenden Schneefällen ein, was zur Folge hatte, dass die Gewölbe nach und nach einstürzten. Der Dom war nicht mehr zu retten. Fürsterzbischof Wolf Dietrich von Raitenau ließ ihn gemeinsam mit fünfundfünfzig Bürgerhäusern schleifen, der Residenzplatz entstand.

Im Jahr 1614 wurde der Grundstein für den neuen Dom gelegt. Durch die Inhaftierung Wolf Dietrichs 1611 wurde der Bau jedoch gestoppt. Sein Neffe und Nachfolger Markus Sittikus ließ die bereits bestehenden Fundamente entfernen und den Neubau kleiner gestalten. Dieser heutige Dom wurde am 25. September 1628 von Fürsterzbischof Paris von Lodron geweiht, die Domtürme jedoch erst 1655 vollendet.

1859 brach durch Unachtsamkeit bei Renovierungsarbeiten im Dachstuhl ein weiterer Brand aus, und schließlich wurden am 16. Oktober 1944 Teile des Querschiffes und die Kuppel von einer Fliegerbombe des amerikanischen Flottenverbandes getroffen.

Heute steht der Salzburger Dom wieder in seiner ganzen Pracht da, und man sieht ihm nichts mehr von seiner bewegten Geschichte an.

Der Dom als Bauwerk

Der Dom misst in der Länge 101 Meter und in der Breite (Querschiff) 69 Meter, er verfügt über 900 Sitzplätze. Die Türme haben eine Höhe von 81 Metern, die Kuppelhöhe beträgt 79 und die des Hauptschiffs 32 Meter.

Besonders prachtvoll ist die dem Domplatz zugewandte Stirnseite mit ihrem reichen Figurenschmuck und den beiden Türmen. Sie ist mit 'Untersberger Marmor' verkleidet.

Auf der Balustrade im zweiten Stock stehen Skulpturen der vier Evangelisten. Die Steinböcke in den Giebelaufsätzen der beiden äußeren Fenster und der Löwe über dem mittleren Fenster sind die Wappentiere von Paris Lodron und Markus Sittikus. Die beiden Engel im mittleren Giebelaufsatz krönen nicht den Löwen, sondern die Marienstatue auf dem Brunnen vor dem Dom. Um das zu erkennen, muss man sich genau in die Mitte der Arkaden stellen, die dem Dom gegenüberliegen.

Auf dem Giebel des Doms stehen links Moses mit der Gesetzestafel, rechts Elias und am höchsten Punkt in der Mitte Christus Salvator.

Die beiden Wappen sind den Fürsterzbischöfen Guidobald Graf von Thun und Hohenstein und Johann Ernst Graf von Thun und Hohenstein zuzuweisen.

Vor den drei Portalen stehen auf Sockeln vier Skulpturen. Die beiden äußeren stellen die Kirchenpatrone dar – rechts der Hl. Rupert mit einem Salzfass, links der Hl. Virgil mit der Kirche. Die Figuren in der Mitte zeigen links den Hl. Petrus mit dem Schlüssel und rechts den HL. Paulus mit dem Schwert.

Das Geläut besteht aus sieben Glocken. Nur noch zwei von ihnen stammen aus der Zeit der Erbauung des Domes. Es sind die Marienglocke (Frauenglocke) und die Virgiliusglocke. Sie wurden von Wolfgang und Johann Neidhart gegossen und 1628 von Fürsterzbischof Paris Graf Lodron geweiht. Die anderen fünf Glocken mussten im Zweiten Weltkrieg abgegeben werden. Zum Rupertusfest 1961 wurden fünf neue Glocken geweiht, die von der Salzburger Glockengießerei Oberascher gegossen worden waren.

Der Läutezyklus an den höchsten Festtagen beginnt mit allen sieben Glocken. Danach läutet jede Glocke einzeln, und zum Schluss erklingen noch einmal alle sieben Glocken zusammen.

Die Bronzetore wurden in den Jahren 1957/1958 von Giacomo Manzù (Porta dell'Amore), Toni Schneider-Manzell (Tor des Glaubens) und Ewald Mataré (Tor der Hoffnung) gestaltet. Zusammen mit der prachtvolle Hauptorgel und dem bronzenen Taufbecken, in dem auch Wolfgang Amadeus Mozart getauft wurde, zählen sie zu den wichtigsten Sehenswürdigkeiten des Domes.

Das Innere des Domes

Das Taufbecken steht in der ersten Kapelle links vom Eingang und ist noch aus dem 'Virgilianischen Dom' erhalten. Es wird von vier liegenden Löwen getragen, die aus der 2. Hälfte des 12. Jahrhunderts stammen. Das Becken selbst wurde 1321 von einem Meister Heinrich geschaffen, der Deckel stammt von Toni Schneider-Manzell aus dem Jahr 1959 und zeigt zwölf Motive zur Taufsymbolik.

Der Dom verfügt über fünf selbstständige Orgeln. Die historischen Orgeln wurden im Laufe der Jahrhunderte mehrmals verändert, modernisiert, teilweise erneuert und die Vierungsorgeln sogar ganz entfernt. Zuletzt wurden Haupt- und Chororgel durch die Bombardierung des Domes schwer beschädigt. Zur Wiedereröffnung des Domes im Jahr 1959 hat man sie zwar noch einmal instandgesetzt, doch musste man bald einsehen, dass eine Generalsanierung unumgänglich war. Die Expertenkommission entschied sich nach langem Hin und Her für den Neubau der großen Orgel im sanierten Gehäuse aus dem Jahr 1705. Dabei wurde historisches Pfeifenmaterial aus dem 18. und 19. Jahrhundert wiederverwendet. Im Jahr 1988 wurde die neue Orgel ihrer Bestimmung übergeben. Erbaut von der Firma Metzler (Dietikon/Schweiz), hat sie 58 Register, verteilt auf drei Manuale und Pedal.

Auch die Vierungsorgeln auf den Pfeileremporen im Kuppelraum wurden in den letzten Jahren des vergangen Jahrhunderts nach und nach wiedererrichtet.

Ebenso beeindruckend ist die achtseitige Kuppel mit Wandgemälden. Sie sind von Stukkaturarbeiten umrahmt, die, wie alle Stuckarbeiten im Dom, aus der Werkstatt Giuseppe Bassarinos stammen (erste

Hälfte des 17. Jahrhunderts). Im Chorrund wurden Denkmäler von neun Fürsterzbischöfen aufgestellt. Chorgestühl und Kanzel stammen aus dem Jahr 1859.

Die Deckengemälde im Querschiff entstanden ebenfalls in der ersten Hälfte des 17. Jahrhunderts und wurden von Donato Mascagni und Antonio Solari ausgeführt. Die Deckengemälde im Hauptschiff sind von Donato Mascagni und Ignazio Solari und zeigen Szenen aus dem Leben und der Passion Christi.

Der Hochaltar stammt aus dem Jahr 1628 und wurde vermutlich von Santino Solari, dem Baumeister des Doms, entworfen. Das Altarbild von Mascagni zeigt die Auferstehung Christi. Über dem Altarbild befinden sich Statuen des Heiligen Rupert und des heiligen Virgil, die Kirchenpatrone des Doms, sowie Allegorien auf Religio und Caritas. Diese Figuren werden den Meistern Pernegger d. J. und Waldburger zugeschrieben. Zwischen den Figuren befindet sich eine lateinische Inschrift aus Psalm 16, 11 'Notas mihi fecisti vias vitae' - Du hast mir die Wege des Lebens gewiesen.

Links und rechts des Hauptaltars befinden sich Grabdenkmäler der Erzbischöfe Markus Sittikus († 1619) und Paris Lodron († 1653), darauf sind ihre auf Kupfer gemalte Porträt zu sehen, im Giebel des jeweiligen Grabdenkmals ist ihr Wappen angebracht. Die Bilder im Chor zeigen die Auferstehung und Himmelfahrt Christi.

In den Querarmen befinden sich an der Nordseite ein Franziskus- und an der Südseite ein Marienzyklus.

Beachtenswert ist auch der Tabernakel im linken Querschiff. Er befindet sich auf einem Altar aus dem frühen 17. Jahrhundert, mit einem Altarbild der Verklärung des heiligen Franz von Assisi. Der Tabernakel ist aus vergoldetem Messing, die Silberstatuen daneben stellen die vier Evangelisten dar. An den Wänden und der Decke sieht man Szenen aus dem Leben des heiligen Franziskus.

Das Altarbild im rechten Querschiff ist von Ignazio Solari. Es zeigt Maria im Schnee (Mariä Schnee), nach einer Legende aus dem 4. Jahrhundert. An den Wänden und der Decke sind Stationen aus dem Leben und der Himmelfahrt Mariens zu sehen.

Tipp Für Rollstuhlfahrer: Zugang über Rampen möglich.

So gehen Sie weiter: Mit dem Dom im Rücken wenden Sie sich nach links. Durch die Arkaden betreten Sie den

Kapitelplatz

Als erstes sticht die Goldene Kugel ins Auge. Das Kunstwerk trägt den Namen 'Sphaera' und ist von Stephan Balkenhol. Linkerhand sehen Sie die Dompropstei und das Erzbischöfliche Palais, rechterhand, hinter den Verkaufsständen, den Noviziattrakt des Stift St. Peter. Vorne rechts sind die Mühle und die Stiftsbäckerei des Domkapitels, links die Kapitelschwemme – eine ehemalige Pferdetränke.

Früher stand auf dem Kapitelplatz das Domkloster, umgeben von hoheitsvollen Stadtresidenzen, in denen bis zur Auflösung des Erzstiftes im Jahr 1803 der hohe Klerus regierte. An diese Zeit erinnert noch die Kapitelschwemme (Pferdetränke).

Bereits im Mittelalter befand sich auf diesem Platz ein 'Rosstümpel', der damals noch seine Mitte einnahm. Die heutige Anlage wurde 1732 nach einem Entwurf von Franz Anton Danreiter errichtet, die beiden seitlichen Wasserspeienden Tritone sind älter, sie stammen aus dem Jahr 1691. Die Skulptur im Brunnenhaus ist ein Werk von Josef Anton Pfaffinger und stellt den Meeresgott Neptun auf einem wasserspeienden Meeresross dar. Über dem Schaugebälk sieht man das Wappen von Erzbischof Firmian.

So gehen Sie weiter: Den Dom im Rücken, betreten Sie vorne rechts zwischen dem Noviziattrakt des Stifts St. Peter und dem nebenstehenden Gebäude einen kleinen Innenhof.

Sie sehen ein Mühlrad – es treibt die Mühle des Stifts St. Peter an. Vor dem Mühlrad geht es ein paar Stufen hinunter in einen Keller. Dort ist die Stiftsbäckerei - älteste Bäckerei Österreichs. Sie existiert seit mehr als 700 Jahren. Verkaufslokal und Backstube sind eins. Man sieht, wie hergestellt wird, was man isst.

Ein Blick hinein lohnt sich! Dass man sich anstandshalber ein Teilchen kauft, sollte selbstverständlich sein.

Wenn sie aus der Mühle wieder in den Hof kommen, sehen Sie schräg vor sich den Durchgang zum

Friedhof St. Peter

Kirche und Kloster, zu denen der Friedhof gehört, wurden um 700 vom fränkischen Missionar Rupert gegründet und haben von da an bis heute ununterbrochen Bestand.

Der Petersfriedhof zählt zu den ältesten und schönsten Friedhöfen der Welt. Die vielen schönen, schmiedeeisernen Kreuze, die Blumenpracht, die romantische Kulisse der Burg im Hintergrund machen ihn dazu. Mozarts Schwester Nannerl liegt hier, der Architekt und Baumeister des Salzburger Doms Santino Solari, Michael Haydn, der wie sein älterer Bruder Joseph Komponist war, der Opernsänger Richard Mayr und viele mehr.

Hinzu kommt eine gespenstische Geschichte um eine Anordnung von sieben Kreuzen der Familie Stumpfögger, etwa in der Mitte des Friedhofes. Sebastian Stumpfögger, so erzählt man, sei ein Salzburger Frauenmörder gewesen, der seine sieben (oder neun) Frauen bestialisch zu Tode gekitzelt hatte. Sobald er einer überdrüssig war, überredete er sie zu einem scherzhaften (erotischen?) Spiel. Dazu wickelte er sie in eine Decke ein und verschnürte sie so fest, dass sie sich nicht mehr wehren konnte. Dann kitzelte er sie an den freigebliebenen Fußsohlen so lange, bis sie unter der qualvollen Tortur ihr Leben ließ.

Einer historischen Sage zufolge war es jedoch anders. Da heißt es, dass vor langer Zeit sieben Nonnen in Salzburg lebten, die nicht so züchtig waren, wie es sein sollte. Eines Tages fand man eine von ihnen tot in einem Klostergarten und wunderte sich über ihren lachenden Gesichtsausdruck. Still und heimlich wurde sie im Friedhof St. Peter beigesetzt. Doch sie blieb nicht die Einzige. Innerhalb eines Jahres fanden sechs weitere Nonnen auf eben diese Art den Tod. Als man nach vielen Jahren das Grab öffnete, um die sieben Nonnen umzubetten, fand man sie unverwest mit einem Lachen im Gesicht. Bevor man sie wieder begrub, wurde eine Messe für sie gelesen, und dabei fegte ein Teufel über den Friedhof, der jammerte und zeterte. Es war, so hieß es, der Teufel, der die sieben Nonnen zu Tode gekitzelt hatte. Noch heute kann man angeblich an manchen Novembertagen das Lachen der Nonnen um Mitternacht auf dem Friedhof St. Peter hören.

Der Ort, an dem die Kreuze stehen, ist nicht die einstige Begräbnisstätte der Familie. Sie lag an der Ostseite der St. Margarethenkapelle, wo die Leichname der Stumpfögger heute noch ruhen. Nur die Kreuze wurden 1864 versetzt, als man den Chor der St. Margarethenkapelle freilegte. Der zugehörige Grabstein wurde den Kreuzen gegenüber in die Wand der St. Katharinen-Kapelle eingelassen.

Zum Petersfriedhofs gehören auch Katakomben, die in den Mönchsberg geschlagen wurden. Vermutlich sind sie frühchristlichen Ursprungs. Der Friedhof (nachts geschlossen) ist kostenlos zu besichtigen. Für die Katakomben wird Eintritt erhoben.

Tipp für Rollstuhlfahrer: Kann man die drei bordsteinhohen Stufen zum Friedhof nicht überwinden, ist ein Zugang über das Tor im Südosten möglich, wenn man vom Kapitelplatz aus nicht rechts auf den Hof der Mühle einbiegt, sondern geradeaus in die Festungsgasse, am Knick rechts und durchs schmiedeeiserne Friedhofstor.

So gehen Sie weiter: Zur Festungsbahn verlassen Sie den Friedhof im Südosten, also Richtung Burg. Nur wenige Schritte auf der Festungsgasse liegt rechterhand der Eingang.

Festungsbahn

Sie ist die älteste erhaltene Standseilbahn der Welt. Bereits seit 1892 befördert sie Salzburger und Touristen auf die Festung. Inzwischen sind es 1,7 Millionen Menschen im Jahr. Pro Fahrt, die 54 Sekunden dauert, werden in den neuen, modernen Zügen bis zu 55 Fahrgäste transportiert.

Für Rollstuhlfahrer: Zwar können Rollstuhlfahrer und ein Begleiter die Bahn entgeltfrei benutzen, zur Burg kommen sie aber auf diesem Weg nicht. Denn ist man oben angelangt, gibt es noch einige steile Stufen zu überwinden. Da man von der 'ersten Plattform' aus jedoch einen schönen Ausblick über Salzburg hat, lohnt sich die Fahrt trotzdem.

Es gibt einen Fußweg zur Burg, der jedoch teilweise steil und durch historisches Pflaster mit dem Rollstuhl nur schwer zu befahren ist. Eine Innenbesichtigung ist nicht möglich.

Die Festung Hohensalzburg

ist die größte noch erhaltene Burganlage Mitteleuropas und eines der Wahrzeichen der Stadt. Erbaut wurde sie im Kern anno 1077 im Auftrag von Erzbischof Gebhart von Salzburg. Damit ist sie mehr als 900 Jahre alt. Erzbischof Leonhard von Keutschach erweiterte sie zu Beginn des 16. Jahrhunderts umfangreich. Hierbei wurde der Palas aufgestockt, sowie das Zeughaus und der Schüttkasten errichtet. Eine der letzten bedeutenden Erweiterungen der Festung entstand mit der 'Khuenburgbastei'.

Auch die Räumlichkeiten sind prächtig gestaltet. Gotische Schnitzereien und ornamentale Malerei schmücken den Goldenen Saal und die Goldene Stube, dazu kommen achtundfünfzig Inschriften und 'Rübenwappen'.

Im Laufe ihrer langen Geschichte, war die Festung Verteidigungsanlage und zeitweilig Residenz der Fürsterzbischöfe, diente aber auch als Kaserne und Gefängnis. Fürsterzbischof Wolf Dietrich wurde hier bis zu seinem Tod im Jahre 1617, von seinem Neffen und Nachfolger Markus Sittikus gefangen gehalten. Doch nie ist es gelungen, die Festung Hohensalzburg einzunehmen!

Heute ist die Burganlage Ziel Tausender von Touristen. Man kann durch die Burghöfe schlendern, verschiedene Museen, Ausstellungen und eine Folterkammer besuchen, Wehrtürme oder den Aussichtsturm besteigen. Außerdem ist die Festung Veranstaltungsort der Internationalen Sommerakademie, und im Burghof und auf den Basteien finden regelmäßig Veranstaltungen wie die Festungskonzerte statt.

Für die Besichtigung der Innenräume stehen Audio-Guides zur Verfügung. Führungen für Gruppen ab 10 Personen sind möglich, müssen jedoch zwei bis drei Wochen vorher angemeldet werden.

So gehen Sie weiter: Vom Fuß der Festungsbahn geradeaus über die Festungsgasse und den Kapitelplatz zurück zum Domplatz. Dort durch die Arkaden gegenüber dem Dom auf die Franziskanergasse, vorbei an der Franziskanerkirche (rechts) und etwas weiter dem Festspielhaus (links) bis zur Pferdeschwemme vor dem früheren fürstlichen Marstall (insgesamt 600 Meter).

Wenn Sie dort an der Fußgängerampel warten müssen, schauen Sie einmal nach links. Sie sehen den ältesten Straßentunnel Österreichs, das Sigmundstor.

Erste Pläne, den Mönchsberg zu durchdringen, entstanden bereits im 17. Jahrhundert. Nach mehreren Anläufen erfolgte 1765 der Durchstich des Berges, 1766 wurde der Tunnel eröffnet.

Pferdeschwemme am fürstlichen Marstall

Die ehemalige Felsenreitschule, in der seit 1925 das Festspielhaus untergebracht ist, entstand Ende des 17. Jahrhunderts unter Erzbischof Johann Ernst von Thun in einem stillgelegten Steinbruch. Die zugehörige Marstallschwemme (Rosstränke) wurde im Zuge einer Neugestaltung des Hofmarstalles durch Johann Bernhard Fischer von Erlach entworfen. Aus dieser Zeit stammen die Schauwand (die Pferdefresken darauf sind von Franz Anton Ebner und neueren Datums) und die Skulptur in der Mitte des Brunnens. Sie zeigt einen Mann, der ein sich aufbäumendes Pferd bändigt.

1732 wurde die Pferdeschwemme unter Erzbischof Leopold Eleutherius Firmian umgestaltet. Dabei brachte man die Skulptur des Pferdebändigers, die ursprünglich auf den Hofmarstall hin ausgerichtet war, in ihre jetzige Position und tauschte den Sockel aus, auf dem seither Firmians Wappen zu sehen ist.

Als Pferdeschwemme bezeichnete man übrigens eine Stelle in einem Gewässer oder wie hier eine ausgebaute Quellfassung, an der Pferde und andere Zugtiere nach getaner Arbeit ins Wasser geführt wurden, um sie zu tränken, abzukühlen und zu säubern. Zugleich dienten die Pferdetränken als Löschwasserteiche.

So gehen Sie weiter: Mit der Pferdeschwemme im Rücken überqueren Sie am Zebrastreifen die Straße. Geradeaus, und nach etwa 50 Metern (am Goldenen Hirsch) dem Knick nach rechts folgen. Weiter geradeaus bis zum Universitätsplatz (200 Meter).

Die Kirche rechterhand ist die Kollegienkirche. Links sehen Sie die Rückseite des Geburtshauses von Wolfgang Amadeus Mozart. Die Vorderseite liegt in der Getreidegasse. Um dorthin zu gelangen, wählen Sie den Durchgang im rechten rosafarbenen Haus, denn er führt durch einen besonders schönen historischen Innenhof. Die Salzburger nennen diese Häuser, durch die man in eine Gasse auf der anderen Seite gelangen kann, 'Durchhäuser'. Auf der Getreidegasse gehen Sie nach links und sofort wieder rechts auf den Hagenauerplatz. Von hier haben Sie einen guten Blick auf die Vorderfront von

Mozarts Geburtshaus

Im „Hagenauer Haus", in der Getreidegasse Nr. 9, kam am Abend des 27. Januar 1756 der Komponist Wolfgang Amadeus Mozart als siebtes Kind der Familie zur Welt. Gemeinsam mit seinen Eltern Leopold und Anna Maria Mozart und seiner geliebten Schwester 'Nannerl' – nur sie und er überlebten das Kindesalter - wohnte er bis 1773 hier im dritten Stock. Eigentümer des Hauses war Johann Lorenz Hagenauer, Kunstmäzen und enger Freund der Mozarts. Der Spezereiwarenhändler (Gewürze und Delikatessen) war ein Enkel Georg des IV. und einer der reichsten Kaufleute Salzburgs.

Bereits zu Mozarts Zeiten befand sich im vorderen Teil des Hauses, also auf der Getreidegasse, eine Lebensmittelhandlung, in der vermutlich auch Frau Mozart einkaufte. Noch heute ist ein kleiner Spar-Markt darin untergebracht, in dem man vor allem regionale Produkte aus Salzburg kaufen kann - zum Beispiel die beliebten Mozartkugeln aus der Konditorei Fürst oder das Original Augustiner Bier, das nur hier und im Augustiner Bräu erhältlich ist.

1880 entstand durch die Internationale Mozart-Stiftung erstmals ein Museum in Mozarts Geburtshaus, das seither stetig erweitert und ausgebaut wurde. Inzwischen ist es eines der meistbesuchten Museen der Welt. Gezeigt werden historische Instrumente, Urkunden und Briefe der Familie Mozart, Erinnerungsstücke und die meisten der zu seinen Lebzeiten entstandenen Porträts. Im ersten Stock kann man jährlich wechselnde Sonderausstellungen sehen. Themen waren bisher z.B. 'Alltag eines Wunderkindes' oder: 'Die Mozarts - eine Familie stellt sich vor'. Im hinteren (dem Universitätsplatz zugewandten) Teil des Hauses wurde eine bürgerliche Wohnung so eingerichtet, wie sie zu Mozarts Zeiten üblicherweise ausgestattet war.

Das Museum ist für Rollstuhlfahrer nicht zugänglich. Alles über Öffnungszeiten und Eintrittspreise erfahren Sie hier:
http://www.mozarteum.at/museen/mozarts-geburtshaus.html

Falls Sie Mozarts Geburtshaus besichtigen, kommen Sie beim Verlassen auf den Hagenauerplatz zurück. Ansonsten drehen Sie sich jetzt einfach nur um.

Der Hagenauerplatz

Gegenüber von Mozarts Geburtshaus sehen Sie das Griestor. Als Salzburg noch von einer Stadtmauer umgeben war, war dies das 'Obere Tränktor' (auch ‚Löchlbogen'), durch das man zur Viehtränke und den Salzachschiffen gelangen konnte. Die Angeln für die Torflügel des Stadttores sind noch zu sehen.

Das einstige 'Wirtshaus zum Löchl', heute Gaststätte 'Zum Eulenspiegel', stammt in der Bausubstanz aus dem 16. Jahrhundert. Doch bereits 1414 wurde es urkundlich erwähnt. 1452 nannte man es das 'Züngleinhaus'. Der Gürtler Hans Altheimer erwarb es 1484. Nach ihm gehörte es Ludwig Alt, einem 'Schleierer', der lockere, leichte Gewebe anfertigte. Zu Beginn des 16. Jahrhundert hieß das Gebäude 'Haus im Gäszlein am Thürlein'. 1598 schließlich kaufte es Achatzi Loszbichler, ein 'Zugwercher' – Bezeichnung für einen Weinhändler, der 'Fässer verlud' und 'abmaß'.

Das Eckhaus Getreidegasse 8 / Hagenauerplatz ist in Salzburg eines der stattlichsten Bürgerhäuser des späten Mittelalters. 1334 erstmals erwähnt, ist es in der ursprünglichen Bausubstanz jedoch deutlich älter. Besonders auffällig ist der imposante mehrstöckige Erker, der auf den Hagenauerplatz hinausgeht. Hier wohnte 1681 Wolf Aichamber, seines Zeichens Bader (Bademeister) des angrenzenden 'Griesbades'. Von 1816 bis 1917 war in dem Gebäude ein Gasthaus untergebracht, das 'Hotel zur Goldenen Krone'.

So gehen Sie weiter: Durchs Griestor, über die Straße, links am Ufer entlang und bis zum Makartsteg mit den vielen Liebesschlössern am Geländer. Paare hängen sie dort auf und werfen anschließend den Schlüssel ins Wasser, in der Hoffnung, so hält ihre Liebe ewig! Überqueren Sie hier die Salzach und werfen Sie dabei einen Blick auf das Hotel Sacher. Das Haus auf der linken Seite der Gasse ist das Geburtshaus von Herbert von Karajan. Im Garten steht eine Skulptur, die ihn zeigt. Gehen Sie zwischen beiden Gebäuden durch, überqueren Sie die Straße und biegen Sie hinter dem Landestheater in den Mirabellgarten ein. Von hier an kennen Sie den Weg ... Bis zum Parkplatz sind es ab Hagenauerplatz 1200 Meter (etwa 15 Minuten laufen). Bis zum Bahnhof gut 2 Kilometer (etwa 30 Minuten laufen).

Tipp: Ist Ihnen der Fußweg bis zum Bahnhof zu weit, fahren Sie ab Griesgasse (Haltestelle Ferdinand Hanuschplatz) mit der Obuslinie 1 über Mirabellplatz zum Hauptbahnhof. Zur Haltestelle gehen Sie durchs Tor, dann auf der gegenüberliebenden Straßenseite etwa 100 Meter links. Oder nehmen Sie ab Salzburg-Rathaus (durchs Tor, dann rechts) die Linie 25.

Auf der Feste Salzburg

Fiaker am Dom

Fotos nächste Seite:
Orangerie im Mirabellgarten (oben links)
Blick vom Kapitelplatz auf die Festung (oben rechts)
Mirabellgarten (Mitte)
Einst 'Wirtshaus zum Löchl', heute Gaststätte 'Zum Eulenspiegel' (unten links)
Residenzplatz (unten rechts)

Ein zweiter und dritter Tag in Salzburg

Es bleibt genug zu tun. Man kann in Ruhe das eine oder andere Museum besuchen – das Mozartmuseum zum Beispiel, das Domquartier, die Neue Residenz oder eines der Schlösser. Da bietet sich neben Schloss Mirabell und der Burg an erster Stelle Schloss Hellbrunn an.

Das Lustschloss Hellbrunn

Es liegt am Stadtrand von Salzburg. Fürsterzbischof Markus Sittikus von Hohenems ließ Hellbrunn in den Jahren 1613 bis 1615 erbauen. Architekt war Santino Solari, der auch mit dem Neubau des Salzburger Doms beauftragt worden war.

Bemerkenswert sind das Oktogon (ein Raum in Form eines Achtecks), das Fischzimmer, das Vogelzimmer und das Eckzimmer. Der Festsaal ist an den Wänden und an der gewölbten Decke reich bemalt.

Vor allem die Wasserspiele im weitläufigen Park, der eine Mischung aus künstlich angelegter Parklandschaft und naturbelassenem Biotop ist, ziehen viele Besucher an.

Mit zahlreichen skulpturengeschmückten Grotten, Weihern und Brunnen sind sie weltweit die am besten erhaltenen Wasserspiele aus dieser Zeitepoche.

Mitte des 18. Jahrhunderts wurde unter Erzbischof Andreas Jakob von Dietrichstein das kunstvolle 'Mechanische Theater' hinzugefügt. Es stellt das Leben einer barocken Kleinstadt dar. Kleine, bemalte Figuren aus Lindenholz bewegen sich durch einen wasserbetriebenen Mechanismus und werden dabei von einer ebenfalls wasserbetriebenen Orgel musikalisch begleitet.

Im Garten des Schlosses steht auch der Pavillon, in dem sich Elisabeth (Sissi) und Franz (Kaiser Franz Joseph I.) das erste Mal begegneten.

Die Gartenanlage des 'Wasserparterre' ist frei zugänglich. Für Rollstuhlfahrer Großteils befahrbar, allerdings sind im Garten Kieswege.

Adresse: Fürstenweg 37

So kommen Sie hin: Nehmen Sie ab Salzburg Rathaus (Salzachufer Altstadtseite) die Buslinie 25

Das Museum der Moderne

Es thront hoch droben auf dem Mönchsberg. Wenn Sie von der Salzach auf die Stadtberge schauen, sehen rechts der Festung eine Art Betonsäule, die sich an den Mönchsberg lehnt. Noch ein Stück weiter rechts auf dem Plateau steht ein modernes Gebäude – das Museum der Moderne. Schon allein wegen des sensationellen Ausblicks über die Stadt lohnt es sich, mit dem Aufzug dort hinaufzufahren.

1998 wurde ein internationaler Architektenwettbewerb für den Bau dieses Museums ausgeschrieben. Das Münchner Architektenteam um Friedrich Hoff Zwink gewann ihn, und 2004 konnte das Museum eröffnet werden. Auf einer Fläche von 2300 Quadratmetern wird Kunst des 20. und 21. Jahrhundert gezeigt. Durch die verglasten Treppenhäuser, die vier in sich offene Raumebenen miteinander verbinden, wird der Blick auf das historische Gebäude eines Wasserturms aus dem 19. Jahrhundert freigegeben. In einem Ausstellungsraum mit großem Panoramafenster und der anschließenden Skulpturenterrasse werden Exponate von internationalen Künstlern des 20. und 21. Jahrhunderts gezeigt. Werke von Ernst Haas, George Condo, Gerhard Richter, Shirin Neshat, Erwin

Wurm, Helmut Newton, Stephan Balkenhol, Max Ernst, Hiroshi Sugimoto und vielen anderen waren hier zu sehen.

Auf der vierten Ebene des puristischen Gebäudes liegt ein Restaurant mit ca. 190 Sitzplätzen, das vom internationalen Star-Architekten Matteo Thun ausgestattet wurde. Von der Terrasse aus hat man einen fantastischen Blick auf die Stadt.

Das Museum ist für Rollstuhlfahrer uneingeschränkt zugänglich.

So kommen Sie hin: Nehmen Sie den Mönchsbergaufzug in der Gstättengasse 13. Gehen Sie vom Salzachufer über die Griesgasse Richtung Mönchsberg. Oder vom Domplatz aus vorbei am Festspielhaus und der Pferdeschwemme bis Gstättengasse.

Für Rollstuhlfahrer und eine Begleitperson ist die Fahrt kostenlos.

Das Rupertinum

Das Salzburger Museum der Moderne besteht aus zwei Häusern - dem puristischen neuen Gebäude auf dem Mönchsberg und dem Rupertinum im Zentrum der Altstadt. Dieses historische Gebäude wurde bereits um 1350 erwähnt. 1633 wurde der heutige Bau unter Erzbischof Paris Lodron im frühbarocken Stil fertig gestellt und diente jahrhundertelang als Priesterseminar. In jüngerer Zeit wurde das Rupertinum als SchülerInnen- und StudentInnenheim geführt, bis darin 1983 das Salzburger Museum für moderne Kunst und Graphische Sammlung eröffnet wurde.

In den Räumlichkeiten des Rupertinum werden hauptsächlich Grafiken und Fotoarbeiten ausgestellt. Auch die 'Österreichische Fotogalerie' ist hier mit mittlerweile mehr als 17.000 fotografischen Werken untergebracht.

Das Museum ist für Rollstuhlfahrer uneingeschränkt zugänglich.

Adresse: Wiener-Philharmoniker-Gasse 9 (Ecke Franziskanergasse) – gegenüber Festspielhaus.

Das Hangar-7 Flugzeugmuseum

Der Hangar-7 am Salzburger Airport ist ein außergewöhnliches Baukunstwerk, bei dem versucht wurde, die Welt des Fliegens architektonisch umzusetzen.

Dabei wurden 1.200 Tonnen Stahl und 380 Tonnen Spezialglas verbaut.

Ursprünglich wurde Hangar-7 geplant, um die stetig wachsende Sammlung historischer Flugzeuge der Flying Bulls zu beherbergen. Doch inzwischen steht er auch für avantgardistische Architektur, moderne Kunst und Spitzengastronomie und zählt zu den Wahrzeichen der Stadt Salzburg.

Im Hangar-7 wird neben seltenen historischen Flugzeugen, die nicht nur restauriert sind, sondern sämtlich wieder flugtauglich gemacht wurden, auch Kunst präsentiert. Das Besondere dabei ist das Zusammenspiel von Kunst und Technik einerseits und der Wechsel des Lichtes je nach Sonnenstand und Wetter andererseits.

Auch im Restaurant Ikarus wird 'Kunst' präsentiert – nämlich Kunst aus dem Kochtopf. Patron Witzigmann und Executive Chef Roland Trettl laden Spitzenköche aus aller Welt ein, um die Hangar-7-Gäste kulinarisch auf eine Weltreise zu führen. Jeden Monat sorgt ein anderer Gastkoch mit raffinierten Menüs und seinem ganz persönlichen Stil für höchsten Gaumengenuss.

Adresse: Wilhelm-Spazier-Straße 7a / Öffnungszeiten täglich 9-22 Uhr. Führungen und Besichtigungen für Gruppen nur mit Voranmeldung möglich.
Eintritt frei!
Für Rollstuhlfahrer zugänglich.

So kommen Sie hin: Mit der Linie 2 vom Mirabellplatz über Hauptbahnhof zum Flughafen.

Mit der Linie 10 vom F. Hanusch Platz (Salzachufer) oder vom Mönchsbergaufzug bzw. Herbert von Karajan Platz zum Flughafen.

Im Internet: https://www.hangar-7.com/de/

Feste und Veranstaltungen

Salzburger Mozartwoche

Jährlich, um die Zeit von Mozarts Geburtstag, (27. Januar) veranstaltet die Internationale Stiftung Mozarteum die Mozartwoche mit Opernaufführungen, Orchester-, Kammer- und Solistenkonzerten. Mozart-Interpreten von Weltrang und Orchester wie die Wiener Philharmoniker oder das Mozarteum Orchester Salzburg treten auf.

Salzburg Biennale (erste Märzhälfte)

Ein Festival mit eigenem Charakter, das sich der zeitgenössischen Kunst verschrieben hat. Zu erleben sind Konzerte Neuer Musik mit Stimm- und Videokünstlern, Musiktheater und Videoinstallationen.

Die Salzburger Osterfestspiele

wurden im Jahr 1967 gegründet. Hauptaugenmerk wird neben Konzerten auf die Oper gelegt.

Aspekte Festival (Mai)

wurde 1977 mit dem Ziel gegründet, zeitgenössische Musik auf höchstem interpretatorischem Niveau anzubieten. Bedeutende Werke anerkannter österreichischer und internationaler Künstler des 20. Jahrhunderts werden aufgeführt.

Der Salzburg-Marathon

findet jährlich im Frühjahr statt. Zum Programm gehören auch ein Halbmarathon, ein Staffelmarathon, ein Genusslauf über 5 km und ein 10 km Lauf.

Die Strecke ist ein Rundkurs von 21,097 km durch die Salzburger Altstadt. Von Halbmarathonläufern wird er einmal, von den Marathonis zweimal durchlaufen.

Pfingstfestspiele

Herbert von Karajan rief im Jahr 1973 die ersten Pfingstkonzerte ins Leben. Jeweils drei Orchesterkonzerte am Pfingstsamstag, -sonntag und -montag wurden bis 1982 von den Berliner Philharmonikern unter Herbert von Karajan veranstaltet. Ab 1983 übernahmen zum Teil andere Dirigenten wie Sir Georg Solti, Seji Ozawa und André Prewin die Leitung der Berliner Philharmoniker.

Internationales Avantgarde-Festival 'Sommerszene' (Juni/Juli)

Zwölf Tage lang wird Salzburg mit internationalen Gastspiele und österreichischen Erstaufführungen aus den Bereichen Theater, Tanz, Performance und Installation zum Mittelpunkt der zeitgenössischen performativen Kunst.

Die Sommerfestspiele

Jedes Jahr zur Sommerszeit wird ganz Salzburg zur großen Bühne. Markenzeichen der Sommerfestspiele ist das Schauspiel 'Jedermann', das bei gutem Wetter auf dem Domplatz aufgeführt wird. Darüber hinaus sind zahlreiche Opernproduktionen und Konzertaufführungen mit hochkarätigen Interpreten zu sehen.

Siemens Fest>Spiel>Nächte

Mit dem Ziel, Kunst und Kultur über moderne Medien einer breiten Öffentlichkeit zugänglich zu machen, hat 'Siemens Österreich' gemeinsam mit den Salzburger Festspielen und dem ORF Salzburg die 'Siemens Fest>Spiel>Nächte' gegründet. Fünf Wochen lang werden zur Festspielzeit am Kapitelplatz Festspielhighlights auf einer Großbildleinwand übertragen. Rund zweitausend Menschen genießen Abend für

Abend diese 'Gratis-Festspiele'. Zu sehen sind Aufführungen und Opern-Highlights vergangener Jahre, aber auch aktuelle Produktionen und Live-Übertragungen der laufenden Festspiele.

Die Übertragungen beginnen um 20:00 Uhr, bereits ab 18:00 Uhr wird der Kapitelplatz mit Konzerten beschallt. Eintritt frei!

Die Salzburger Kulturtage

finden seit 1972 immer im Oktober statt. Auch hier sind bei Aufführungen und Konzerten großartige heimische und internationale Interpreten zu sehen.

Jazz & The City - Jazz, World & Electronic Music Festival

Alljährlich im Oktober werden über fünf Tage in der Salzburg Altstadt einhundert Konzerte für Jazzfreunde aufgeführt. Zu den fünfzig Spielorten gehören Bars, Cafés, Galerien und ausgesuchte Plätze in der Altstadt. Auf dem Programm stehen Weltmusik, Jazz und elektronische Musik sowohl internationaler Größen als auch vielversprechender Newcomer.

Freier Eintritt!

Das Salzburger Adventsingen

findet während der Adventszeit alljährlich im Großen Festspielhaus statt. Mit klassisch-modernen Bühnenbildern und eindrucksvoller Lichtregie werden in historischer alpenländischer Tracht neu interpretierte volksmusikalische Kompositionen und weihnachtliche Texte vorgetragen.

Der Salzburger Christkindlmarkt

findet am Residenz- und Domplatz statt. In Buden, die aussehen wie anno dazumal, werden traditionelle Handwerkskunst, Christbaumschmuck, Kunstwerke, allerhand zu essen, Glühwein und feinste Weihnachtsbäckerei angeboten. Salzburger Chöre, Musikanten und Kindergruppen zeigen ihre Darbietungen und lassen weihnachtliche Musik erklingen. Das Christkind mit seinen Engeln besucht an vier Samstagen vor Weihnachten von 15.30 Uhr bis ca. 18.30 Uhr den stimmungsvollen Weihnachtsmarkt, und immer samstags um 18.30 Uhr findet am Residenzplatz das traditionelle Turmblasen der Salzburger Turmbläser statt. Viel weniger himmlisch mutet da der Besuch der Krampusse und Perchten am Salzburger Christkindlmarkt an. Mit Ruten, Glockengeläute und schaurigen Masken fegen sie durch die Altstadt und lehren die

Zuschauer das Fürchten. Beim Krampuslauf rund um den Dom kann es auch schon mal vorkommen, dass man die Rute zu spüren bekommt.

Winterfest

Von Ende November bis Anfang Januar findet alljährlich in der Zeltstadt im Volksgarten das größte Festival für zeitgenössische Zirkuskunst im deutschsprachigen Raum statt.

Infos, wichtige Adressen und mehr

Wenn Sie schon zu Hause Fragen haben: Telefon: 00800 400 200 00 (kostenfrei aus DE, AT, CH) oder: urlaub@austria.info

Touristenauskunft in Salzburg

Die Touristeninfo im Hauptbahnhof finden Sie von den Bahnsteigen aus kommend im linken Korridor der Eingangshalle.

Eine Tourist-Info in der Altstadt ist am Mozartplatz 5 – neben Residenzplatz
Tel: + 43 662 88987-0 / Email: tourist@salzburg.info

Bus und Taxi

Tickets für die Stadtbusse erhält man in jeder Trafik (Kiosk) oder am Automaten am Bahnhof. Die 24-Stundenkarte gilt als Netzkarte für die ganze Stadt.

Hier ein Link zum Obus-Fahrplan der Stadt Salzburg :
https://www.salzburg-ag.at/verkehr/obus/fahrplan/

Wer ein Taxi braucht, ruft es über die Salzburger Funktaxi-Vereinigung
Tel. +43(0)662-81-11 / E-Mail: info@taxi.at

City-Card

Für unseren Rundgang bei eintägigem Aufenthalt lohnt sich die City-Card nicht. Bleibt man zwei oder drei Tage und hat vor, einige Einrichtungen zu besuchen und öfter den Stadtbus zu benutzen, ist die City-Card interessant. Damit hat man kostenlosen Eintritt in Salzburgs Museen, freie Fahrt mit Festungs- und Untersbergbahn, dem Salzach-Schiff und den öffentlichen Verkehrsmitteln. Weiter erhält man zahlreiche Vergünstigungen für Konzerte, Theaterbesucher oder Ausflugsziele in der Umgebung.

Man bekommt sie an der Rezeption vieler Hotels, bei allen Kartenbüros und Informationsstellen der Stadt. Die aktuellen Preise und weitere Auskünfte erhalten Sie unter

Email: cards@salzburg.info oder telefonisch unter 0043662 88987-0

Anreise mit Bahn, Flugzeug, Bus, Auto oder Fahrrad

Mit der Bahn

Der Salzburger Hauptbahnhof liegt im Nordosten der Stadt. Vom Bahnhofsvorplatz aus fahren folgende Busse in die Innenstadt:

Die Obuslinie 1 fährt über den Mirabellgarten (Beginn unseres Rundgangs) zur Altstadt (Ferdinand Hanuschplatz, am Salzachufer).

Die Linie 25 fährt über den Mirabellgarten zum Rathaus (Altstadt)

Die Linien 2 fährt zwar den Mirabellgarten an, von dort aber nicht in die Altstadt, sondern Richtung Hofwirt.

Mit dem Flugzeug

Der internationale Flughafen von Salzburg befindet sich im Westen der Stadt, direkt an der A1 (Ausfahrt 297). Er ist durch die Buslinien 2 und 10 mit dem Stadtzentrum von Salzburger verbunden. Die Linie 2 fährt auch den Mirabellgarten an, wo unser Rundgang beginnt.

Mit dem Fahrrad

Der Mozart-Radweg, der Tauernradweg, der Alpe Adria Radweg und viele mehr führen durch Salzburg. Eine Stadtbesichtigung ist sicher ein Highlight! Doch Achtung, fast die gesamte Altstadt ist Fußgängerzone, und dort darf auch in Österreich nur geradelt werden, wenn es durch Beschilderung ausdrücklich erlaubt wird. Und selbst im Mirabellgarten, wo unser Rundgang beginnt, ist Radfahren verboten!

Tipp: Wenn Sie Gepäck bei sich haben und nicht in einem Hotel übernachten, lassen Sie ihre Sachen am Bahnhof in einem Schließfach und fahren Sie mit dem Rad zum Mirabellgarten. Dort stellen Sie es ab und folgen unserem Rundgang zu Fuß.

Mit dem Bus

Reisebusse halten an ganz verschiedenen Stellen. Oft lassen Busfahrer ihre Reisenden irgendwo am Rand der Altstadt aussteigen. Fragen Sie Ihren Buschauffeur, welche Sehenswürdigkeit am nächsten liegt und beginnen Sie dort mit unserem Rundgang.

Mit dem Auto

ist Salzburg über die Westautobahn (A 1), die Tauernautobahn (A 10) sowie von Deutschland aus über die A 8 zu erreichen. In ganz Österreich ist die Benutzung der Autobahnen kostenpflichtig. Die dazu benötigten Vignetten sind in Varianten für ein Jahr, zwei Monate oder 10 Tage an vielen grenznahen Tankstellen zu erhalten. Die Vignettenpflicht besteht ab Grenze. Vignettenfrei gelangt man von der A 8 über die Ausfahrt Bad Reichenhall (RWBA Autobahnausfahrt.svg 115) dann über die B20 nach Freilassing und über die Saalachbrücke nach Salzburg.

Wir beginnen unseren Rundgang am Mirabellgarten. Dort gibt es sowohl ein Parkhaus als auch einen Parkplatz, der für Camper erlaubt ist.

Wie *überall* in Salzburg ist auch am Mirabellgarten das Parken teuer. Rechnen Sie mit bis zu 20 Euro für Ihren PKW, bzw. bis zu 36 Euro für den Camper. Wer sparen möchte, kann das P&R-System nutzen (mehr Infos unter Parken). Doch es lohnt sich kaum …

Achtung Camper: Jeden Donnerstagvormittag wird auf diesem Parkplatz ein Wochenmarkt abgehalten, deshalb ist dort das Parken von Mittwoch 00 Uhr bis

Donnerstag 14 Uhr für Campingfahrzeuge nicht möglich!

Die Adresse für Ihr Navigationsgerät: Mirabell-Congress-Garage / Mirabellplatz 5

Verkehrsvorschriften in Österreich

Höchstgeschwindigkeiten (wenn nicht durch Verkehrszeichen anders angezeigt):

- PKW und Motorräder: Im Ortsgebiet 50 km/h, auf Freilandstraßen und Schnellstraßen 100 km/h, auf Autobahnen: 130 km/h

- Wohnmobile bis 3.500 kg: Im Ortsgebiet: 50 km/h, auf Freilandstraßen und Schnellstraßen 100 km/h, auf Autobahnen: 130 km/h

- PKW mit leichten Anhängern (bis 750 kg) Zugfahrzeug bis maximal 3,5 t höchstzulässiges Gesamtgewicht: Im Ortsgebiet: 50 km/h, auf Autobahnen, Schnellstraßen und Freilandstraßen: 100 km/h

- PKW mit Anhänger über 750 kg (Zugfahrzeug und Anhänger zusammen bis maximal 3,5 t höchstzulässiges

Gesamtgewicht): Im Ortsgebiet: 50 km/h, auf Freilandstraßen und Schnellstraßen: 80 km/h, auf Autobahnen: 100 km/h

Die Blutalkoholgrenze liegt unter 0,5 Promille!

Für Telefonieren im Auto gelten dieselben Bestimmungen wie in Deutschland.

Das Anlegen der Sicherheitsgurte ist für alle Autoinsassen Pflicht. Kinder unter 14 Jahren, die kleiner als 150 cm sind, dürfen nur in Kindersitzen befördert werden und müssen dem Alter und der Größe entsprechend gesichert sein.

Achtung: Im Falle einer Panne oder eines Unfalls müssen alle Insassen außerhalb von Ortschaften beim Betreten der Fahrbahn eine Warnweste anlegen!

Winterausrüstungspflicht für Pkw: Von 1. November bis 15. April dürfen Pkw bei winterlichen Fahrverhältnissen nur mit vier Winterreifen oder Schneeketten auf mindestens zwei Antriebsrädern gefahren werden. Schneeketten sind nur erlaubt, wenn die Straße durchgängig oder fast durchgängig mit Schnee oder Eis bedeckt ist.

Bei Verkehrsunfällen mit Personenschaden besteht unverzügliche Meldepflicht bei der Polizei. Bei Sachschaden muss die Polizei nur eingeschaltet werden, wenn die Identität eines Fahrers nicht nachgewiesen werden kann.

Der Vierundzwanzig-Stunden-Pannendienst des ÖAMTC und ARBÖ kann von jedem Kraftfahrer in Anspruch genommen werden, von Nichtmitgliedern gegen Bezahlung.

Bestimmungen für Motorradfahrer: Das Tragen von Sturzhelmen und das Einschalten des Abblendlichts ist Pflicht. Auch Motorradfahrer benötigen für das Fahren auf Autobahnen eine Vignette.

Parken für PKW und Camper

Weite Teile von Salzburgs Altstadt sind Fußgängerzone und sämtliche Parkflächen in der Innenstadt als Kurzparkzone (bis höchstens 3 Stunden Parkzeit) ausgewiesen.

Ab 11 Uhr werden alle Poller hochgefahren. Wer mit seinem Auto die betreffenden Zonen nicht rechtzeitig verlässt, muss sich bei der Polizei gegen Gebühr einen sehr teuren Ausfahrtscode besorgen. Hotelgäste mit

Reservierung können über bestimmte Zufahrten einmalig ein- und ausfahren.

Im Juli und August besteht an Schlechtwettertagen für Salzburg eine Einfahrtsperre. Der Besucherverkehr wird von der Münchner Bundesstraße zum P&R Messe und von der Innsbrucker Bundesstraße zum P&R Flughafen abgeleitet. Ausgenommen sind ausländische Fahrzeuge von Personen mit Hotelbuchung, Behinderte und Fahrzeuge aus den Landkreisen Berchtesgadener Land und Traunstein.

Wir empfehlen für PKW und Camper den Mirabell-Parkplatz. Die Tageskarte (24 Stunden) beträgt sowohl auf dem Parkplatz als auch im Parkhaus für einen PKW knappe zwanzig Euro. Für Campingfahrzeuge bezahlt man nicht ganz das Doppelte (übernachten verboten!). Adresse: Mirabellplatz 5

Etwas günstiger ist die Bahnhofsgarage (hier keine Parkmöglichkeiten für Camper!), doch muss man etwa 15 Minuten zum Mirabellgarten laufen bzw. mit dem Bus fahren.
Adresse für die Einfahrt: Südtirolerplatz 1
Busanbindung Linie 1 zum Mirabellgarten und in die Altstadt.

P+R Messe (Autobahnabfahrt Messe)
Die Parkplatzgebühren beinhalten eine Tages-Netzkarte für den Busverkehr für max. 5 Personen. Im Vergleich zum Mirabellparkplatz ist das Tagesticket für PKW nur wenig günstiger, für Camper aber durchaus interessant.

Bei der Einfahrt zieht man ein Ticket, das man dann in einen der Parkautomaten am Gelände einführt. Am Bildschirm den Knopf unter P+R drücken, bezahlen, das P+R Ticket wird ausgeworfen.

Adresse: Am Messezentrum 1 /Tel. +43(0)662 2404-0
Busanbindung: Linien 1+8 ins Zentrum, nur die Linie 1 fährt den Mirabellgarten an.

Wer unbedingt in Altstadtnähe parken will, fährt am besten die Mönchsberggarage an, nimmt den Ausgang Toscaninihof und steigt an der 'Pferdeschwemme am fürstlichen Marstall' in unseren Rundgang ein. Um hinzukommen, links am Festspielhaus vorbei etwa 100 Meter. Adresse für Ihr Navigationsgerät: Hildmannplatz 1
Achtung: Nicht für Camper geeignet!

Oder man wählt die Tiefgarage der barmherzigen Brüder am Rudolfsplatz. Von dort zum Residenzplatz durchfragen, um in den Rundgang einzusteigen.
Nicht für Camper geeignet!

Hinweis für Camper: Fahren Sie *nicht* den P&R Parkplatz Süd an, dort dürfen Wohnmobile bzw. Caravans nicht parken!

Stadtnahe Campingplätze

Camping Nord-Sam

ist nur 3 km von Salzburg-Stadt entfernt. Es gibt eine Bushaltestelle am Platz, mit der Linie 1 kann man zum Mirabellplatz oder weiter in die Stadt fahren. Es führt auch ein Radweg ins Zentrum (5km).

Teilweise auch im Advent, bzw. über Weihnachten und Silvester geöffnet.
Für Rollstuhlfahrer mit Einschränkungen geeignet.
Anfahrt: Autobahnabfahrt A1 Salzburg Nord (Exit 288).
Adresse: Samstraße 22A, 5023- Salzburg
Tel. u. Fax: +43/662/660494
www.camping-nord-sam.com

Camping Panorama Stadtblick

Zwei Kilometer von Salzburg-Stadt entfernt. Fünf Minuten Fußweg zum Stadtbus. Auch Appartements und Zimmer.
Uneingeschränkt behindertengerecht / Hunde erlaubt
Tageweise auch über Advent, Weihnachten und Silvester geöffnet.
Adresse: Rauchenbichlerstrasse 21, 5020 Salzburg / Tel.: 0662/45 06 52
www.panorama-camping.at

Die Nachbargemeinde **Freilassing** (Deutschland) hat einen kostenlosen Wohnmobilstellplatz für bis zu sechs Wohnmobile ausgewiesen. Caravans sind nicht erlaubt. Voranmeldung nicht möglich.
Wohnmobilstellplatz Freilassing / Aumühlweg / 83395 Freilassing

Salzburg für Menschen mit Behinderung

Zum Glück gibt es in der Altstadt nur wenig Bordsteine, und die Wege sind mit dem Rollstuhl recht gut befahrbar. Die Stadt Salzburg hat sich um Barrierefreiheit bemüht, doch manche Häuser, wie zum Beispiel Mozarts Geburtshaus, verfügen aus Denkmalsschutzgründen leider nicht über Aufzüge. Auch die Festung ist für Rollstuhlfahrer nur unter allergrößten Mühen und dann auch nur teilweise zugänglich.

Sollten im Vorfeld Ihrer Reise nach Salzburg Fragen auftauchen, können Sie sich an die Anlaufstelle für Menschen mit Behinderung der Stadt Salzburg wenden.
Tel. +43662 8072-3232 / Fax +43662 8072-2083
Email: behindertenbeauftragte@stadt-salzburg.at

Anmerkungen zu unserem Rundgang:

Falls Sie gehbehindert sind und niemanden haben, der Sie schieben kann, bieten Rikschas eine interessante Möglichkeit, unserem Rundgang zu folgen. Die Rikschas stehen am Residenzplatz. Sie können natürlich auch dort in unseren Rundgang einsteigen. Klicken Sie Residenzplatz an, und folgen Sie der beschriebenen Route. Doch leider ist Rikscha fahren nicht günstig …

Falls Sie zu den Rikschas wollen, parken Sie am besten in der Mönchsberggarage. Nehmen Sie den Ausgang Toscaninihof. Am Ausgang rechts durch die Franziskanergasse, über den Domplatz und links auf den Residenzplatz.

Im Bereich Hofstallgasse 4 gibt es sechs Behindertenparkplätze. Falls Sie dort einen Platz ergattern können, gehen Sie zu den Rikschas geradeaus weiter in die Franziskanergasse, über den Domplatz und links auf den Residenzplatz.

Wenn Sie jedoch jemanden haben, der Sie schiebt – der Rundgang hat lediglich auf dem Friedhof St. Peter eine geringe Steigung und ist gut zu bewältigen.

Behindertentoiletten finden Sie im Mirabellgarten am Vogelhaus, am Salzachufer zwischen Makartsteg (mit den vielen Liebesschlössern) und Staatsbrücke und in der Wiener-Philharmoniker-Gasse (gegenüber Festspielhaus). Auch in der Alten oder Neuen Residenz gibt es eine Behindertentoilette.

Stadtbusse: Ca. 90 % der Obusse verfügen über einen Niederflur-Einstieg, ca. 50% haben eine Rollstuhlrampe.

Die Webseite 'Barrierefreies Salzburg' hält viele Infos für Sie bereit. Über diese Seite oder die Touristeninfo können Sie auch eine Broschüre bestellen, in der Sie Angaben zu barrierefreien Museen, Veranstaltungen usw. finden.

Tipp: Falls Sie taub oder stumm sind und eine Panne haben oder krank werden und ADAC-Mitglied sind, gibt es für Sie eine spezielle Notrufnummer. Mehr dazu im Artikel: 'Was tun wenn ...

Salzburg mit Hund

Bei der Einreise nach Österreich müssen Leine und Maulkorb mitgeführt werden. Ihr Hund benötigt einen gültigen Heimtierausweis und muss gechipt sein. Die Tiere dürfen weder verkauft noch weitergegeben werden. Besondere Bestimmungen für sogenannte 'Kampfhunde' sind von Bundesland zu Bundesland verschieden.

In Salzburg gilt für alle Hunde Leinenpflicht und teilweise sogar Maulkorbpflicht – z.B. in öffentlichen Verkehrsmitteln (Obus / Bahn).

Es gibt einige Areale, auf denen Hunde frei laufen dürfen. Eine dieser 'Hundewiesen' ist in Liefering, im Norden der Stadt. Gegenüber dem Anwesen Schmiedingerstraße 180 gibt es einen großen kostenlosen Parkplatz, hinter dem Gebäude ist die eingezäunte Hundewiese. Südlich, nicht weit vom Altstadt-Zentrum zwischen Nonntal und dem Leopoldskroner Weiher liegt der Hans-Donnenberg-Park. Mitten im Park, ein wenig versteckt beim Seniorenheim, gibt es unter Bäumen eine schattige Hundewiese. Auch in Hellbrunn, im Süden der Stadt, finden Sie hinter dem dortigen Spielplatz ein 2.500 Quadratmeter großes Grundstück zum Tollen für Hunde.

Auf der anderen Salzachseite ist im Volksgarten eine Hundeweise, doch dort gilt jedoch Leinenpflicht. Auf Spielplätzen sind Hunde verboten.

Hundekot muss beseitigt werden. Kottüten (Sackerlautomaten) sieht man aber selten, deshalb sollte man die immer in der Tasche haben.

Die meisten Sehenswürdigkeiten sind für Hund nicht erlaubt. Ausnahmen sind: Georg-Trakl-Haus / Michael-Haydn-Museum / Stiegl Brauwelt.

In der Festungsbahn und auf das Gelände der Festung darf der Hund mit, nicht aber bei einer Führung in der Festung.

Im Mönchsbergaufzug sind Hunde erlaubt, im Museum der Moderne muss er am Info-Point warten, während seine Menschen die Ausstellung besuchen.

Im Mirabellgarten dürfen Hunde an der Leine gehen, ebenso in den Gartenanlagen von Schloss Hellbrunn. Innenbesichtigungen mit Hund sind nicht möglich.

Teilweise sind Eintrittskarten und Fahrkarten für den Hund zu lösen. Blindenhunde und Partnerhunde sind in den meisten Museen erlaubt und kostenlos.

Sightseeing mit Schiff, Rikscha oder Kutsche

Mit dem Fiaker Salzburg erleben

– das lassen sich viele gerne ein paar Euro kosten. Die Pferdekutschen stehen im Winter von ca. 10 Uhr bis ca. 16 Uhr, im Sommer bis ca. 21 Uhr am Residenzplatz. Die Fahrt geht am Rand der Altstadt entlang und dauert etwa zwanzig Minuten.

Die Route: Residenzplatz - Kapitelplatz - Domplatz - Festspielhaus - Herbert-von-Karajan-Platz - Münzgasse - Griesgasse - Franz-Josef-Kai - Mönchsbergaufzug - Pferdeschwemme - Festspielhäuser - Sigmund-Haffner-Gasse - Alter Markt - Residenzplatz.

Als Gefährt für unseren Rundgang sind die Kutschen nicht geeignet, denn sie können nicht in die engen Gassen der Altstadt.

Wo die Fiaker stehen, starten auch die **Rikschas** zu einer etwa zwanzigminütigen Rundfahrt durch die Altstadt.

Eine Bootsfahrt auf der Salzach - beginnt am Makartsteg mit den vielen Liebesschlössern und geht über eine Strecke von acht Kilometern an Salzburg vorbei Richtung Hellbrunn und zurück (Tour I). Tour II bringt Sie zur Anlegestelle Hellbrunn, von dort mit einem Shuttle zum Schloss Hellbrunn.

Essen und Trinken / Trinkgeld

Schattige Biergärten und Kaffeehäuser haben Tradition in Salzburg. Auch noble Restaurants, trendige Bars, Speiselokale aus aller Herren Länder und Gasthäuser mit traditioneller Küche findet man überall in der Stadt.

Kaffee ist nicht gleich Kaffee in Österreich! Da gibt es viele kleine, aber feine Unterschiede. Vom Mokka über den Melange, Verlängerten oder den Einspänner bis hin zum 'Großen Braunen' kann man vieles genießen. Doch Vorsicht! Bestellt man in Österreich einen 'Cappuccino' und betont nicht, dass man ihn mit aufgeschlagener Milch haben will, erhält man einen Kaffee mit einer dicken Sahnehaube.

Zum Kaffee nimmt man Süßes. Vom Apfelstrudel über die Esterhazy-Schnitte bis hin zur Mozart- oder Sachertorte – die Auswahl ist groß.

Das Bundesland Salzburg verfügt über die größte Dichte an 'Haubenrestaurants'. Haubenrestaurants sind in Österreich Esstempel, die mit einer Haube (Kochmütze) ausgezeichnet wurden – das kommt den Sternen gleich, die man in anderen Ländern kennt. Viele dieser Haubenrestaurants finden sich in der Stadt Salzburg. Aber auch in den einfachen Gasthäusern kann man diverse 'Salzburger Schmankerl' essen – vom Bierfleisch über Kaiserschmarren und allerhand Kasknödel bis hin zum Schweinekrustenbraten.

Der Kaiserschmarrn hat seinen Ursprung im Salzkammergut. Das Rezept, so heißt es, hatte sich Kaiser Franz Joseph auf seinen Jagdausflügen bei den Holzfällern abgeschaut. Dort gab es 'Muas' – einen Teig aus Mehl, der mit sehr viel Schmalz herausgebraten wurde. Zu Hause hat der Kaiser das Holzfälleressen dann nach 'höfischem Geschmack' verfeinern lassen.

Um den Durst zu löschen, geht man in urige Kneipen oder angesagte Bars, in Pubs, Weinlokale, Biergärten oder eine der Stadtbrauereien Salzburgs. Zu den bekanntesten zählt das Bräustübl vom Augustinerbräu in der Lindhofstraße (Nähe Museum der Moderne auf dem Mönchsberg). Seit 1621 wird dort im Kloster

Mülln das Bier nach altem, seit Jahrhunderten gehütetem Rezept gebraut. Der Braumeister arbeitet dabei mit Gerätschaften, die Museumscharakter haben, was zum typischen 'Augustiner-Geschmack' seines Bieres beiträgt. Das Bräustübl mit seinem schönen Gastgarten ist Österreichs größte Biergaststätte. Das Bier wird heute noch von Schankburschen aus dem Holzfass in schwere Steinkrüge gezapft.

Auch die Stiegl-Brauerei gibt es bereits seit 1492 und verspricht 'hohe Braukunst'. Gebraut werden die über 20 verschiedenen Biersorten der Brauerei ausschließlich in Salzburg, im modernsten Sudhaus Europas. Das Quellwasser dazu kommt aus einem Tiefbrunnen am Fuße des Untersbergs.

Zu den hochprozentigen Spezialitäten der Österreicher gehören der Vogelbeer-, Marillen- oder Birnenschnaps – von Schnapsliebhabern hochgeschätzt.

Ein Einblick in die traditionelle Salzburger Küche

Kaiserschmarrn ist eine Art sehr dicker Pfannkuchen aus Eiern, Mehl, Milch, Vanillezucker und Rosinen, der nach dem Herausbacken mit zwei Gabeln in Stücke gerissen und mit viel Puderzucker bestreut wird. Serviert wird er mit Kompott oder Apfelmus.

Kasnocken werden wie Spätzle durch ein 'Nockensieb' in kochendes Wasser gedrückt, gegart und aus dem Wasser genommen, mit geriebenem Pinzgauer Käse vermischt und mit gerösteten Zwiebeln oder Schnittlauch garniert.

Kaspressknödel sind eine Art Reibekuchen oder flachgepresste Knödel, die aus feingewürfelten Semmeln, Wasser, Ei, Salz und Pinzgauer Käse in Fett goldgelb ausgebacken und oft in heißer Rindssuppe serviert werden.

Ein Mostbratl ist ein marinierter Rinderbraten, der unter wiederholtem Aufgießen von Most gegart wird. Dazu gibt es Kartoffel- oder Semmelknödel.

Salzburger Nockerln – unter steifgeschlagenes Eiweiß werden Puderzucker, Eigelb, Mehl und geriebene Zitronenschale gehoben. Vom Teig werden Nockerln ausgestochen und in einer feuerfesten Form im Ofen goldbraun gebacken. Im letzten Drittel der Backzeit wird etwas heiße Milch mit Vanillezucker seitlich in die Form gegossen. Die fertigen Nockerln müssen heiß serviert werden, da sie schnell zusammenfallen.

Einreisebestimmungen und Zoll

Um sich ausweisen zu können, benötigen Sie für sich und auch für Ihre Kinder einen eigenen Pass bzw. Ausweis.

Achtung: Schweizer Bürger benötigen für die Einreise nach Österreich eine gültige ID oder einen Reisepass. Nähere Informationen auf der Homepage der österreichischen Botschaft in Bern www.bmeia.gv.at/botschaft/bern.html

800 StückZigaretten
10 LiterSpirituosen
20 LiterAndere Alkoholika als Bier, Schaumwein oder Wein bis 22% vol.
90 LiterWein (davon max. 60 Liter Schaumwein)
110 LiterBier
Weitere Infos im Internet unter:
www.austria.info/de/service-und-fakten/einreise-und-zollbestimmungen

Währung / Banken / Geld wechseln

Die Landeswährung von Österreich ist der Euro mit den üblichen Münzen und Scheinen.

In- und ausländische Zahlungsmittel können in unbeschränkter Höhe ein- und wieder ausgeführt werden. Für mitgeführtes Bargeld ab 10.000 Euro gilt jedoch Anmeldepflicht!

Öffnungszeiten der Banken: Montag, Dienstag, Mittwoch, Freitag von 8:00 bis 12:30 Uhr und 13:30 bis 15:00 Uhr. Donnerstags von 8:00 bis 12:30 Uhr und 13:30 bis 17:30 Uhr.

Geldautomaten akzeptieren Maestro-Karten, MasterCard-, American Express-, Visa- und Diners-Kreditkarten sowie die zu diesen Zahlungssystemen gehörenden Cirrus- und Visa-Plus-Bargeldbezugskarten. Bei Abhebungen an Geldautomaten können Spesen anfallen, die jedoch von Bank zu Bank unterschiedlich sind. Mit Kreditkarten kann bei vielen Hotels, Restaurants, Geschäften und Tankstellen bezahlt werden.

Ladenöffnungszeiten / Einkaufen / Souvenirs

Die beliebtesten Mitbringsel aus Salzburg sind die berühmten Morzartkugeln, die 1890 von dem Salzburger Konditor Paul Fürst kreiert wurden und ursprünglich 'Mozart-Bonbon' hießen. Es ist eine Praline in Kugelform, hergestellt aus Pistazien, Marzipan und Nougat. Man erhält sie fast an jeder Ecke in Salzburg.

Doch auch das Augustiner Bier oder diverse Schnäpse werden gerne mitgebracht. Im *'Christmas in Salzburg'* (Judengasse 9) bekommt man das ganze Jahr über schönen Weihnachtsschmuck und im *'Fashion Crystal Souvenir'* (Goldgasse 8) allerhand Schönes aus Glas. In der Mayrischen Musikalienhandlung in der Theatergasse finden Sie ausgefallene Noten für alle Instrumente und im Klosterladen St. Peter vieles rund um Kirche und Glauben.

Salzburger Trachten und Trachtenhüte sind von hoher Qualität, aber auch teuer. Das gilt erst recht für Ledergürtel aus Federkielstickerei – ein Handwerk, das fast ausgestorben ist. Das alles und auch handgearbeitete Regenschirme bekommt man in Salzburg.

Öffnungszeiten:

Die Geschäfte in der Salzburger Innenstadt sind ab 8 bzw. 10 Uhr bis 18 Uhr geöffnet, an Samstagen schließen sie bereits um 17 Uhr. Manche Geschäfte haben über Mittag zu. Die meisten Souvenirläden öffnen auch an Sonn- und Feiertagen.

Wer shoppen gehen will, findet in der Altstadt viele Souvenirläden, edle (und teure) Boutiquen und diverse Ketten. In unmittelbarer Umgebung des Hauptbahnhofes befindet sich das große Einkaufszentrum 'Forum1' mit zahlreichen Geschäften, Restaurants und einem großen Lebensmittelmarkt.

Man kann aber auch in den Europark fahren. Das Einkaufszentrum liegt am Stadtrand von Salzburg, wurde vom italienischen Star-Architekt Massimiliano Fuksas entworfen und in den Kategorien 'architektonisches Design und nachhaltige Entwicklung' als weltbestes Einkaufszentrum ausgezeichnet. Auf rund 36.000 Quadratmetern Verkaufsfläche findet man über 130 Läden und natürlich alle große Ketten von Douglas über Mexx bis Swarovski. Der Europark verfügt auch über ein Theater - 'Das Oval'. Diese Bühne für Kleinkunst, Kabarett, Schauspiel, Konzert und Film ist mit allerhand technischen Finessen ausgestattete und bietet Platz für bis zu 250 Personen.

Der Europark befindet sich am Ende der Klessheimer Allee, direkt an der Autobahn A1 (Ausfahrt Klessheim). Mit öffentlichen Verkehrsmitteln ist er mit der O-Bus-Linie 1 vom Hauptbahnhof und der Buslinie 20 vom Stadtzentrum (Haltestelle Hanuschplatz) erreichbar. Mit dem Auto braucht man vom Stadtzentrum gute 10 Minuten.

Die Öffnungszeiten sind von Montag bis Donnerstag von 9 bis 19.30, am Freitag von 9 bis 21 Uhr und am Samstag von 9 bis 18 Uhr.

Telefon / Internet und WLAN / Post / Strom

Eine Postfiliale finden Sie am Residenzplatz in der Neuen Residenz. Briefmarken kosten für Briefe und Karten 80 Cent (Stand 2015)

Telefonvorwahl:
Festnetz 0049 International Deutschland / Mobil +49
Festnetz 0043 International Österreich / Mobil +43
Festnetz 0041 International Schweiz / Mobil +41

Kostenlose öffentliche WLAN-Hotspots:
am Salzachufer, Höhe Mozartsteg
am Salzachufer, beim Makartsteg
Mozartplatz
im Volksgarten
im Mirabellgarten
Max-Reinhardt-Platz
Kapitelplatz

Kajetanerplatz
Boulevard im Stadtwerk Lehen
Teile von Hof und Park im Schloss Hellbrunn
Hans Lechner Park

Freie WLAN Hotspots in Lokalitäten der Altstadt:
Café Balthazar, Kaigasse 31 (täglich von 11:00 Uhr – 23 Uhr)
Coffee Symphony, Griesgasse 13
Café Universum, Hofstallgasse 4
Indigo, Rudolfskai 8
McDonald's, Getreidegasse 26
Restaurant m32, Mönchsberg 32
Stadtwirt, Schwarzstraße 10

Internetcafés in Salzburg:
Das 'Isis Internetcafé' ist am Südtiroler Platz 1 (Bahnhof). Geöffnet bis 24 Uhr
Das 'BIGnet Internet Café' ist in der Judengasse 5 (Altstadt, Verlängerung der Getreidegasse, Nähe Alter Markt)

Klima

Das Klima in Salzburg bewegt sich zwischen -5° im Winter und +30° im Sommer. Am heißesten ist es im

Juli und August, am kältesten im Januar. Es gibt durchschnittlich 142 Regentage im Jahr, die Sonne scheint durchschnittlich 4,6 Stunden am Tag.

Einige Tipps für Salzburg

Mozartkugeln sind am Flughafen und in Supermärkten außerhalb der Altstadt deutlich günstiger.

Auch Essen ist außerhalb der Altstadt viel günstiger. Einige Lokale finden Sie auf der rechten Seite der Salzach in den kleinen Seitengassen von der Linzergasse. Sie sind vom Stadtzentrum aus bequem zu erreichen.

In Biergärten darf man sich nach guter alter Tradition sein Essen selbst mitbringen. So auch im Biergarten des Augustiner oder Müllner Bräu am Mönchsberg. Dort kann man Essen an Marktständen kaufen. Sehr viel günstiger ist es, sich etwas aus den Supermärkten mitzubringen. Die Getränke müssen natürlich am Tisch bestellt werden.

Was tun wenn ... Telefonnummern und Adressen für

Notfälle

Konsulate:

Honorarkonsul der Bundesrepublik Deutschland
Dreifaltigkeitsgasse 11, 5020 Salzburg
Telefon: (0043 662) 88 02 01 - 121
Email: salzburg@hk-diplo.de

Konsulat der Schweiz
Alpenstrasse 85, 5020 Salzburg
Telefon: (0043 662) 622 530, 623 581
Email: salzburg@honrep.ch

Pannen- und Notfallhilfe der Automobilclubs:

ADAC - bei Fahrzeugschaden telefon-icon.gif +49 89 22 22 22
bei Erkrankung und Verletzung telefon-icon.gif +49 89 76 76 76
In vielen Urlaubsländern betreibt der ADAC eigene Notrufstationen mit deutschsprechenden Mitarbeitern. An diese werden Sie automatisch von der Zentrale in München weiterverbunden.

Auch für Gehörlose und Sprachbehinderte hat der ADAC einen speziellen Service eingerichtet: Unter der Faxnummer +49 8191 938 303, die auch per SMS vom Handy aus angewählt werden kann, ist rund um die Uhr schnelle Hilfe sichergestellt. Falls Sie kein modernes Handy haben, müssen Sie folgende Nummer wählen:

D1 (T-Mobile) + 49 99 08191 938 303
D2 (Vodafone) + 49 99 08191 938 303
O2 (Viag Interkom) + 49 329 08191 938 303
E-Plus + 49 1551 08191 938 303

ÖAMTC - Tel: +43 12512000 – Notruf und Rechtsberatung.

TCS - Dringende Assistance-Anfragen rund um die Uhr:

Einsatzzentrale ETI / Chemin de Blandonnet 4 / CP 820 1214 Vernier / Tel +41 58 827 22 20 / Fax +41 58 827 50 12 / email: eti@tcs.ch
Bei einem medizinischen Notfall im Ausland unverzüglich die ETI Einsatzzentrale benachrichtigen!

Falls Ihre Geldkarte verloren ging:

Es gibt einen allgemeinen Sperr-Notruf, der aus dem In- und Ausland unter der Nummer (0049) 116 116 erreichbar ist. In Fällen, in denen der ausländische Telefonanbieter diese Nummer nicht verarbeiten kann, steht alternativ die 0049 3040504050 zur Verfügung. Sprach- oder Hörgeschädigte können unter der gleichen Nummer auch eine Sperrung per Fax veranlassen.

Speziell für Euro/Mastercard sperren unter Tel. 0049-69-79331910
oder im Notfall als R-Gespräch 001-314-275-6690
Speziell für Visa sperren unter Tel. 800-819-014
oder im Notfall als R-Gespräch 001-303-967-1096

Schweizer wenden sich bei Verlust oder Diebstahl von Karten, Dokumenten oder Handys (SIM-Karte) oder bei Zwischenfällen rund um Autoschlüssel und -radios an die Telefonnummer +41 58 827 22 20 (rund um die Uhr)

Österreicher wenden sich bei Verlust der Kreditkarte an folgende Telefonnummern:
Visa: +43 1171111-770
Pay Life: +43 1717014500

Notrufnummern:

122 Feuerwehr

133 Polizei

144 Rettung (Krankenwagen)

140 Bergrettung

144 Wasserrettung (via Rotes Kreuz)

112 Euronotruf (in Ö. Weiterleitung zu Polizei)

für Gehörlose - 0800 133 133 SMS-Notruf an Polizei

Alternativ E-Mail an:

gehoerlosennotruf@polizei.gv.at

Was tun im Krankheitsfall

Suchen Sie einen Hausarzt auf.

Abends von 19 bis 23 Uhr und am Wochenende von 8 bis 13 Uhr und von 16 bis 23 Uhr ist eine Hausärztin / ein Hausarzt im Hausarzt-Notdienst-Zentrum erreichbar. Der ärztliche Bereitschaftsdienst hat die Notrufnummer 141

Weitere Informationen erhalten Sie unter www.notdienst141.at

Bei Zahnschmerzen

Suchen Sie das Notdienstzentrum der Salzburger Zahnärzte in der Glockengasse 6 auf. Das Zentrum ist täglich von 15:00 - 17:00 Uhr geöffnet. An Heiligabend und Silvester von 10-12 Uhr. Es ist keine telefonische Anmeldung nötig. Webseite: https://www.ndz.at/

Bringen Sie Ihre E-Card / nationale Versicherungskarte für EU-Bürger mit. Nicht EU-Bürger bezahlen den Privattarif in bar.

Nützliche Vokabeln

Im Kaffeehaus:

Salzburger Nockerl - süßes Gericht aus Eischnee
Topfengolatsche aus Germteig - Quarktasche aus Hefeteig
Marmor-Gugelhupf - Napfkuchen
Ribiseln – Johannisbeeren
Ribiselkuchen - Johannisbeerkuchen
Zwetschkenfleck - Pflaumenkuchen
Krapfen - Berliner
Schlagobers - Sahne (meistens geschlagen)
Germknödel mit Powidl - Hefeklöse mit Pflaumenmus
Palatschinken mit Marillenmarmelade - dünne Pfannkuchen mit Aprikosenkonfitüre
Milirahmstrudel - Quarkstrudel mit Vanillesauce überbacken
Nocken - Nudeln

Getränke:

Ein Haferl Kaffee – eine Tasse Kaffee
Ein Schwarzer - Espresso mit etwas mehr Wasser
Ein Brauner - Espresso mit etwas mehr Wasser und Milch
Ein Verlängerter - Espresso mit doppelt so viel Wasser – am besten dazu sagen, ob mit oder ohne Milch gewünscht, damit Sie keine unliebsame Überraschung erleben. Es ist von Region zu Region verschieden, ob der verlängerte mit Milch serviert wird.
Cappuccino – Kaffee mit dicker Sahnehaube. Wenn man ihn italienisch will, unbedingt mit 'geschlagener Milch' bestellen.
Gespritzter Apfelsaft - Apfelsaftschorle
Ein Gespritzter - Weißweinschorle
Ein Gespritzter rot – Rotweinschorle
Ein Stifterl - die kleinste Weinflasche (Achtung! Es ist nicht dasselbe wie eine Piccolo, denn ein Piccolo ist die kleinste Schaumweinflasche)
Ein Achterl – ein Achtelliter (meist Wein)
Ein Vierterl – ein Viertelliter (meist Wein)

Begrüßung:
In der Regel mit „Grüß Gott". Natürlich versteht jeder „Guten Tag".

Per Du am ehesten mit „Grüß dich“, das klingt wie „Griaß di“, auch „Hi“ oder „Hallo“.

Das so typische „Servus“ ist selten geworden. In vornehmen Kreisen, bei den Salzburger Festspielen zum Beispiel, hört man aber durchaus noch die Kombination: „Servus, grüß dich, Servus, Herr Hofrat!“

Abschied „Auf Wiederseh’n“, manche sagen „Auf Wiederschauen“, was sich wie „Wiederscharrn“ anhört.

Per Du auch „Pfiati!“, was so viel heißen soll, wie „Behüt dich Gott“, oder „Baba / Babatschi“, was gar nichts heißt aber Tschüss bedeutet, oder einfach „Tschüss“.

Weitere Bücher aus unserem Verlag

Reiseführer

Cres und Losinj
ISBN Buch: 978-3-946280-54-5
ISBN E-Book: 978-3-946280-53-8
ASIN: B07B8NRDL2

Kreuzfahrt Madeira & Kanaren
ISBN Buch: 978-3-946280-26-2
ISBN E-Book: 978-3-946280-34-7
ASIN: B01F3STFFE

Krk -
ISBN Buch: 978-3-946280-17-0
ISBN E-Book: 978-3-946280-12-5
ASIN: B017WDI53G

Sevilla -
ISBN Buch: 978-3-946280-22-4
ISBN E-Book: 978-3-946280-09-5
ASIN: B015WKTK8K

Amsterdam –
ISBN Buch: 978-3-946280-21-7
ISBN E-Book: 978-3-946280-04-0
ASIN: B015WKTX8W

Salzburg -
ISBN Buch: 978-3-946280-24-8
ISBN E-Book: 9783946280019
ASIN: B0158B5ZC

Kopenhagen -
ISBN Buch: 978-3-946280-25-5
ISBN E-Book: 978-3-946280-03-3
ASIN: B015D045U2

Avignon -
ISBN Buch: 978-3-946280-49-1
ISBN E-Book: 978-3-946280-48-4
ASIN: B074C61QS5

München –
ISBN Buch: 978-3-946280-28-6
ISBN E-Book: 978-3-946280-29-3
ASIN: B01NH9HJPM

Prag -
ISBN Buch: 978-3-946280-20-0
ISBN E-Book: 978-3-946280-08-8
ASIN: B015WKTUNU

Venedig -
ISBN Buch: 978-3-946280-19-4
ISBN E-Book: 978-3-946280-10-1
ASIN: B015WKU1I8

Nürnberg -
ISBN Buch: 978-3-946280-18-7
ISBN E-Book: 978-3-946280-00-2
ASIN: B015WKTUNU

Danzig -
Buch - ISBN: 978-3-946280-23-1
ISBN E-Book: 978-3-946280-06-4
ASIN: B015WKTRA6

Trier –
ISBN Buch: 978-3-946280-36-1
ISBN E-Book: 978-3-946280-35-4
ASIN: B01IDCGDES

Ratgeber zur Lebensbewältigung

Von Trennung, Tod und Trauer – Angeline Bauer
ISBN Printausgabe: 978-3-946280-32-3
ISBN E-Book: 978-3-946280-02-6
ASIN: B015D045U2

Angst überwinden und stark sein – Angeline Bauer
ISBN Printausgabe: 978-3-946280-31-6
ISBN E-Book: 978-3-946280-05-7
ASIN: B015WKTRYW

So finde ich mein Glück – Angeline Bauer
ISBN Printausgabe: 978-3-946280-30-9
ISBN E-Book: 978-3-946280-07-1
ASIN: B015WKTWRY

'Lesefutter' aus unserem Verlag

Perle aus der Hundefabrik – Angeline Bauer
Acht berührende Hundegeschichten
ISBN E-Book: 978-3-946280-74-3
ISBN Buch: 978-3-946280-75-0 / ASIN: B0BKH23GK9

Können Igel fliegen?
Alles, was Kinder über Igel wissen wollen
Angeline Bauer
ISBN E-Book 978-3-946280-68-2
ISBN Buch 978-3-946280-69-9 / ASIN:B094NGBW6J

Oje, du fröhliche ... - Friederike Costa
Vierzehn Weihnachtsgeschichten
ISBN E-Book: 978-3-946280-16-3 / ASIN: B018UJZF8E

Liebe süß und scharf – Friederike Costa
13 Kurzgeschichten mit Rezepten
ISBN E-Book: 9783946280422 / ASIN: B01N7K6FQN

Im Feuer der Liebe – Lina-Sophia Clement
Historischer Liebesroman
ISBN E-Book: 978-3-946280-52-1 / ASIN: B075CMT4X8

Die Liebe einer Königin – Lina-Sophia Clement
Acht historische Kurzromane
ISBN E-Book: 978-3-946280-55-2 / ASIN: B07CK7MSVT

Schokolade für die Liebe – Lina-Sophia Clement
Sieben historische Kurzromane
ISBN E-Book: 978-3-946280-56-9 / ASIN: B07F6XZ7KF

Tausend Sterne über der Wüste – Lina-Sophia Clement
Acht historische Kurzromane
ISBN E-Book: 978-3-946280-57-6 / ASIN: B07K6JDNNL

Die Tanztruppe vom dritten Stern rechts - Angeline Bauer
Jugendbuch – Ballett
ISBN Buch: 978-3-946280-73-6
ISBN E-Book: 978-3-946280-72-9 / ASIN: B0B8VSRR31

Cognac mit Schuss - Ronda Hendrikus
Acht Ladykrimis für zwischendurch
ISBN E-Book: 978-3-946280-15-6 / ASIN: B018K9SH16

Seine letzte Bahnfahrt - Ronda Hendrikus
Neun Ladykrimis Ladykrimis für zwischendurchSBN
E-Book 978-3-946280-63-7 / ASIN: B088HGHVB6

Geliebter Mörder - Ronda Hendrikus / Ladykrimmis
ISBN E-Book: 978-3-946280-14-9 / ASIN: B018K9SV76